QU'EST-CE QU'UN

MAÎTRE REIKI

Données de catalogage avant publication (Canada)

Dufour, Élizabeth,

    Qu'est-ce qu'un maître Reiki?

    ISBN 2-7640-0179-7

    1. Reiki. I. Titre.

RZ403.R45D83 1997   615.8'52   C97-940967-5

LES ÉDITIONS QUEBECOR
7, chemin Bates
Outremont (Québec)
H2V 1A6
Téléphone: (514) 270-1746

© 1997, Les Éditions Quebecor
Bibliothèque nationale du Québec
Bibliothèque nationale du Canada
ISBN 2-7640-0179-7

Éditeur: Jacques Simard
Coordonnatrice à la production: Dianne Rioux
Conception de la page couverture: Bernard Langlois
Peinture de la page couverture: Présence de Maev
Révision: Jocelyne Cormier
Correction d'épreuves: Francine St-Jean
Infographie: Composition Monika, Québec
Impression: Imprimerie l'Éclaireur

QU'EST-CE QU'UN

MAÎTRE REIKI

ÉLIZABETH DUFOUR

LES ÉDITIONS
Quebecor

Ce livre est dédié à Jésus et à nos grands maîtres Reiki, le Dr Usui, le Dr Chijiro Hayashi, ainsi qu'à Mme Takata, qui demeureront toujours un exemple d'amour et de sagesse pour nous tous.

Père, dans ton amour infini, Tu nous as donné le Reiki. Grâce à l'énergie du Reiki, nous pouvons te ressentir et partager ton amour avec toute l'humanité. Nous t'en prions, accepte tout notre amour et toute notre gratitude!

**De la même auteure
chez le même éditeur**

Reiki, mystères et accomplissements
La guérison par les Anges

Table des matières

Préface

J'ai eu la chance de grandir dans un environnement où la spiritualité était très importante. Je me souviens clairement du discours presque philosophique de ma grand-mère italienne, tout comme de ses préparations à base d'herbages pour soigner nos divers petits malaises. Cette femme merveilleuse m'a beaucoup appris; elle m'a également donné le goût d'aller plus loin, le désir de découvrir l'être humain, et ce, à tous les points de vue. Elle m'a communiqué sa fascination pour l'au-delà, m'a enseigné à écouter ma voix intérieure et m'a fait découvrir les vertus de plusieurs plantes. C'est ainsi qu'a commencé mon cheminement.

Au cours de celui-ci, j'ai fait plusieurs belles trouvailles, mais une des découvertes qui m'a le plus marquée fut sans conteste celle du Reiki. Quel bonheur d'atteindre aussi aisément, et dans la joie, son moi profond! Dans le Reiki, j'ai aussi découvert Élizabeth Dufour, un être lumineux capable de transmettre non seulement ses connaissances, mais aussi une dose massive d'énergie positive.

Chaque jour, je remercie la vie d'avoir placé Élizabeth Dufour sur ma route; elle se retrouve maintenant sur votre route à vous et, comme je ne crois pas au hasard, je suis bien certaine qu'elle contribuera aussi à votre mieux-être.

Sois bénie, chère Élizabeth, et reste avec nous longtemps.

Anne-Marie Chalifoux, D. N.

Remerciements

Je remercie tous mes maîtres et mes guides; les anges, les archanges, mes maîtres de Reiki: Dr Ushui, Dr Chijiro Hayashi, Mme Takata, mon maître spirituel qui m'apprend à me découvrir chaque jour un peu plus afin de reconnaître la grandeur de mon âme, mon bien-aimé Jésus et tous les maîtres ascensionnés qui travaillent avec moi chaque instant de ma vie pour m'aider dans mon évolution.

Merci à M. Jacques Simard qui, pour la troisième fois, a eu confiance en mon projet de livre. Merci à Anne-Marie Chalifoux, ma chère amie, qui a accepté d'écrire la préface de ce livre pour moi. Chère Anne-Marie, merci pour le respect que tu éprouves envers moi. Ton message m'a grandement émue! Je ne saurais comment te remercier tellement les mots me manquent. Alors, je t'en prie, lis dans mon cœur et tu comprendras combien moi aussi je t'admire et te respecte énormément. À Marie Hélène, douce Marie Hélène, comme j'ai aimé ton témoignage: une vraie poésie. Je suis certaine que les maîtres Reiki le conserveront précieusement, car il exprime profondément la beauté de l'énergie du Reiki. Merci à toi.

Je remercie également tous les maîtres et les étudiants de Reiki qui ont offert si généreusement leurs témoignages, d'une grande profondeur. Merci à Maev pour la couverture du livre; l'aigle symbolise la force d'amour et la puissance du CHRIST et ses énergies vertes de guérison. C'est l'ancrage dans la conscience pour être SOI. La sphère est le symbole de paix et le rouge, la fréquence de l'amour inconditionnel. Merci également pour les deux magnifiques tableaux qu'elle m'a offerts ainsi que pour les messages des maîtres de sagesse qui, je sais, vous rempliront de joie.

Ma reconnaissance va aussi à Sarah Diane Pomerleau, pour son merveilleux message des maîtres du passage. Merci à tous ceux et à toutes celles qui m'ont fait parvenir des poèmes, des messages et des prières pour notre plus grand plaisir.

Un merci tout particulier s'adresse à mon amie Vandana, qui a travaillé si fort pour m'aider à rendre ce livre facile à comprendre et à lire. Chère Vandana, ce fut pour moi une joie et un grand privilège de travailler avec toi. S'il doit y en avoir un autre, j'espère pouvoir travailler avec toi à nouveau. Je te prie de recevoir toute ma gratitude et ma tendresse.

Je veux aussi remercier Dianne L'Espérance d'être encore une fois venue me donner le coup de pouce de départ qui m'a donné le courage d'entreprendre l'écriture de ce livre. J'offre aussi ma gratitude à Carole Boissonneault qui, aux derniers jours de l'écriture de ce livre, est venue m'aider. Sans elle, je crois que je n'aurais pas encore terminé ce travail. C'est le Seigneur qui me l'a envoyée!

Que le Seigneur vous bénisse tous et toutes!

Élizabeth Vibhuti Dufour

Remerciements spéciaux

À tous ceux et à toutes celles qui m'ont écrit – de Belgique, du Canada, de la Côte d'Ivoire, de la France, de la Suisse et du Québec – et plus particulièrement à ceux et à celles dont je n'ai pas eu le temps de répondre aux lettres. Soyez assurés que j'ai bien reçu vos lettres et que je les ai grandement appréciées.

Cependant, si vous désirez une réponse ou une confirmation concernant vos demandes ou vos questions, inscrivez votre numéro de téléphone accompagné de votre code régional surtout en Europe, car il est difficile de vous retracer à partir du Québec. Il me sera plus facile de prendre quelques instants pour vous répondre par téléphone plutôt que par écrit. Merci de l'intérêt que vous portez à mes écrits et pour votre collaboration.

Affectueusement,

Élizabeth Vibhuti Dufour

Avant-propos

Lorsque j'ai publié mon premier livre sur le Reiki, une personne m'a dit que j'en écrirais un autre. Je ne la croyais pas. Je trouvais cela bien farfelu. Mais, en effet, voici que mon deuxième livre sur le Reiki vient de naître. Nous avons parlé beaucoup des expériences que le maître et les élèves vivaient lors des initiations; nous avons parlé aussi des pouvoirs guérisseurs du Reiki ainsi que de ses pouvoirs spirituels qui nous amenaient à un niveau d'évolution extraordinaire. De plus, nous avons partagé l'amour du Reiki et honoré les guides et les maîtres qui nous accompagnent. Chacun de nous, praticien ou maître Reiki, et tous ceux qui œuvrent dans ce sens avec l'énergie du Reiki ont encore et encore accueilli ces grands êtres. Nous les avons honorés et nous les remercions du plus profond de notre âme.

Nous remercions la source bienveillante de nous avoir choisis, de nous avoir permis de canaliser cette énergie d'amour si puissante que nous ne pouvons même pas comprendre son ampleur. Ce service, qui est celui d'un maître Reiki, comment comprendre sa grandeur et sa dimension? Cela est impossible. Seulement ceux qui voient à tous les niveaux de conscience, ce qui est très rare, peuvent vraiment expliquer cette ampleur. Car nous, les êtres humains ordinaires, ne pouvons même pas l'imaginer, encore moins la contempler.

C'est à la suite d'un reportage à la télévision où certaines personnes pratiquant le Reiki affirmaient avoir guéri sur une période de neuf jours soit le cancer, soit le sida, dont j'ai trouvé les propos farfelus, que j'ai compris qu'il était temps de jeter un regard plus approfondi sur ce qu'est un maître Reiki.

Je ne prétends pas ici qu'il soit impossible pour l'énergie du Reiki de guérir le cancer, le sida ou d'autres maladies graves, mais de là à affirmer qu'un maître Reiki guérit lui-même les gens de quelque maladie que ce soit, nous sommes bien loin de la vérité.

Lorsque nous sommes conscients que seule l'énergie divine qu'est le Reiki décide de la guérison, du cheminement, de l'évolution de la guérison même de chaque personne, comment peut-on dire, nous, maîtres Reiki, pouvoir guérir en quelques jours le sida ou le cancer. Nous ne le savons même pas. Tout ce que nous savons est que nous acceptons de servir en tant que canal d'énergie entre Dieu et l'humanité. Les résultats ne nous appartiennent pas, tout comme ils ne nous appartiendront jamais! Et c'est vraiment entre Dieu et l'être qui reçoit la guérison soit physique, soit matérielle, soit spirituelle que tout se passe. Le maître, lui, est complètement détaché de ce qui se passe. Il n'est qu'un canal et l'état de conscience dans lequel il est lui permet seulement de comprendre ou de ressentir l'immense énergie que la personne reçoit pour sa guérison et ce qu'elle est prête à accepter. Nous ne sommes que le témoin des miracles, de la joie et de l'amour déversés sur les personnes et sur nous-mêmes.

Très humbles sommes-nous devant une si grande démonstration de la puissance du Seigneur à travers nos âmes. Alors, cessons de nous leurrer en nous croyant supérieurs, en croyant que certains d'entre nous, maîtres Reiki, possèdent des pouvoirs extraordinaires ou surnaturels pour guérir les autres. Bien sûr, ces pouvoirs passent par nous, ils sont là, c'est bien évident, mais ils ne nous appartiennent pas. Ils se manifestent à travers nous par la grâce. Mes amis, nous ne sommes que l'objet de tout ceci!

Alors, c'est avec beaucoup de reconnaissance et d'humilité que le Seigneur m'a guidée vers certains maîtres Reiki avec lesquels mon cœur vibrait très fort et sur qui je savais pouvoir compter pour me donner un témoignage. Je n'avais aucune crainte des visions d'un maître Reiki; je n'avais aucun doute sur ce qui se manifesterait à travers eux, mais quelle fut ma joie et ma surprise de découvrir que certains de ces maîtres avaient reçu par canalisation – pour notre plus grand plaisir – des messages des maîtres ascensionnés! Vous serez, comme moi, émus de lire les messages de ces grands maîtres qui nous expriment la grandeur d'âme, d'amour, de détachement et de service que possèdent les maîtres Reiki qui œuvrent sincèrement dans cette énergie.

Vous constaterez en lisant ces pages que le but est toujours le même: s'abandonner au service de Dieu et de l'humanité dans la conscience que nous ne sommes que des serviteurs. Vous y retrouverez aussi l'immensité de la gratitude qui vibre dans chacun de leur cœur devant cette grâce de servir nos frères et sœurs. Comment ne pas être bouleversé d'amour devant une telle mission!

Mon cœur déborde de joie d'avoir connu le Reiki, d'avoir non seulement été choisie, mais aussi d'avoir répondu à l'appel. Chaque jour, je rends grâce de pouvoir servir. Un maître Reiki n'est pas seulement au service des individus, mais également de la planète tout entière et de tout ce qui y vit.

Je veux profiter de cette occasion pour honorer tous les maîtres Reiki qui travaillent dans l'ombre, car leur cœur est grand et beau même s'ils ne travaillent pas toujours avec les êtres humains. J'accueille et je bénis tous les maîtres Reiki qui travaillent au niveau planétaire. Tous ces êtres se tiennent au courant des événements, des catastrophes et de tout ce qui se passe de négatif sur terre afin d'envoyer les énergies du Reiki dans ces endroits pour alléger la souffrance qui s'y vit. Imaginez tous ceux et toutes celles qui prient ou qui méditent pour que la paix, l'amour et l'harmonie règnent sur cette planète. Considérons la valeur du geste et du temps qui est allouée à cette pratique. Que ferions-nous s'ils n'étaient pas là? Depuis le début des temps, des êtres tels que les Carmélites et d'autres personnes accomplissent ce genre de travail. Nous savons maintenant que les maîtres Reiki en font partie et que c'est une pratique que chacun se doit de développer, car cela fait partie de la mission.

J'espère que la lecture de ce livre vous permettra de mieux comprendre le but et la raison d'être d'un maître Reiki ainsi que la profondeur de sa recherche et sa volonté de s'améliorer à chaque instant.

Seigneur, fais de moi
un instrument de ta paix

Là où est la haine,
        que je mette l'amour;

Là où est l'offense,
        que je mette le pardon;

Là où est la discorde,
        que je mette l'union;

Là où est l'erreur,
        que je mette la vérité;

Là où est le doute,
        que je mette la foi;

Là où est le désespoir,
        que je mette l'espérance;

Là où sont les ténèbres,
        que je mette la lumière;

Là où est la tristesse,
        que je mette la joie.

Saint François d'Assise

Un maître Reiki doit devenir maître de sa vie et vivre selon les principes du Reiki :

N'aie pas d'inquiétude.

N'aie aucune colère.

Honore tes parents, tes maîtres, tes aînés.

Gagne honnêtement ta vie.

Rends grâce à toute chose.

Dr Mikao Usui, fondateur du Reiki.

Dr Chijiro Hayashi, deuxième successeur.

Madame Hawayo Takata, troisième successeur.

Madame Iris Ishikuro, quatrième successeur.

Reconnaître la beauté du soi

C'est lorsque l'on devient maître que l'on se rend compte à quel point le travail sur nous-même devient très sérieux et exigeant. Nous devons constamment surveiller nos pensées, nos paroles et nos actions afin de corriger immédiatement nos erreurs pour ne pas créer de nouveaux karmas.

Cela demande beaucoup de pardon et de courage pour ne pas sombrer dans la culpabilité lorsque nous commettons une erreur. La culpabilité, quel fléau! Elle nous accable et empêche notre évolution. Elle est la mort pour l'âme qui ne cherche qu'à expérimenter la vie sur ses différentes facettes.

Un autre fléau est l'orgueil qui, lui, a deux tentacules pour nous empêcher de grandir. L'une est de ne pas reconnaître notre beauté intérieure, notre grandeur d'âme; l'autre est de sombrer dans l'orgueil spirituel qui nous porte à croire que nous sommes les auteurs des miracles et des guérisons qui s'accomplissent devant nos yeux. Nous oublions alors que nous ne sommes qu'un canal de l'énergie par lequel Dieu se manifeste.

Comment pouvons-nous y remédier? Nous centrer à l'intérieur de notre cœur et accepter que nous sommes un bon canal de la manifestation du divin nous permet d'avoir la bonne attitude. Car Seul le Divin accomplit tous les miracles et non point son canal.

Nous ne pouvons pas nous sentir autrement que très humbles et privilégiés lorsque nous devenons un canal au service de l'humanité.

Lorsque les gens nous remercient, il ne faut jamais perdre de vue que c'est le Seigneur qui a accompli la guérison. Il faut simplement répondre sincèrement en ressentant au plus profond de notre être ce que nous disons quand nous répondons:

«Je ne suis que le canal par lequel le Seigneur et tes guides sont passés pour te venir en aide. Ce que tu as reçu est ce que tu étais prêt à recevoir, ce que ton âme a accepté en ce moment précis de ton évolution. Je suis heureux d'avoir pu participer en tant que canal pour ton cheminement.»

Identification
d'un maître Reiki

Comment reconnaître un maître Reiki

Un maître Reiki est une personne qui chemine spirituellement. Elle n'a pas encore atteint la réalisation du soi, mais elle y aspire. En plus de pratiquer le Reiki sur lui-même, le maître Reiki médite tous les jours pour élever ses vibrations, purifier son être et s'ouvrir continuellement à des niveaux de conscience plus profonds.

Lorsque vous cherchez un maître Reiki pour recevoir vos initiations, prenez le temps de ressentir vos besoins et vos affinités. Posez-lui des questions et remarquez ce que vous ressentez au niveau de votre cœur ou de votre plexus solaire. Si les réponses données vous conviennent, cela veut dire que vous avez trouvé celui en qui vous pourrez avoir confiance.

Il est très important que vous vous sentiez en confiance avec votre maître. Certaines personnes m'ont confié avoir regretté ne pas avoir suivi leur intuition alors qu'elles savaient très bien de qui elles voulaient recevoir le Reiki. En effet, elles se sont laissé persuader par des amies d'aller rencontrer le maître de ces dernières qui demeurait plus près de chez elles. Elles regrettèrent par la suite ce changement de choix, ne se sentant pas vraiment initiées. Elles trouvaient que les dossiers reçus n'étaient pas complets et que différentes informations manquaient. Quelle déception d'être obligé d'appeler un autre maître pour comprendre ce que l'on a vécu, surtout s'il s'agit d'une initiation!

Le jour de notre initiation est, quant à moi, le jour le plus important de notre vie. C'est le jour où nous allons à la rencontre de notre soi divin pour la première fois avec beaucoup d'amour, de respect et de conscience envers le geste que nous allons faire. Nous devons donc nous y préparer en nous intériorisant le plus possible.

Doit-il devenir végétarien ?

Cette question m'est souvent posée. J'avoue que devenir végétarien pour un maître Reiki me semble très important. Il s'agit d'élever nos vibrations. Il est reconnu maintenant, dans le milieu spirituel, que de manger de la viande équivaut à manger les peurs, les angoisses et la colère des animaux qui ont été tués pour nous nourrir. La plupart du temps, ces animaux ont vécu dans des conditions extrêmement cruelles; ils ont été piqués pour engraisser plus rapidement, souvent entassés dans de petits enclos où ils attendent une mort certaine et cruelle. Juste à vous écrire ces quelques lignes, j'ai mal au cœur et j'éprouve une énorme tristesse. Nous ne devrions pas encourager cette cruauté. Si nous devons manger de la viande, nous devrions au moins bénir les animaux qui ont donné leur vie pour nous nourrir et demander à la deva de l'animal que nous mangeons de venir chercher son âme pour l'emmener au paradis.

A-t-il le droit de prendre un verre d'alcool à l'occasion ?

Lorsqu'il n'y a aucun abus, l'alcool n'abaisse pas les vibrations autant que la cigarette peut le faire. Encore là, il est préférable de ne pas en prendre.

Doit-il être non-fumeur ?

Ah! la grande question! Si nous regardons l'énergie de la cigarette, nous constaterons qu'en ce qui concerne l'odeur, cela peut créer un problème. Nous n'avons qu'à penser, par exemple, à un maître qui donne un traitement de Reiki. Même s'il se lave les mains, il y demeure toujours une odeur désagréable. Alors, imaginez comment cela peut être déplaisant pour la personne qui reçoit le traitement lorsque le maître fait l'imposition des mains au niveau du visage. C'est une situation qui devrait nous faire réfléchir. On dit que fumer des cigarettes abaisse nos vibrations. Est-ce que c'est vrai? Qui peut en juger? Certaines personnes nous diront que la cigarette les aide à s'enraciner, sinon elles seraient trop «flyées». Encore là, nous n'avons aucun droit de juger de la valeur d'une personne, selon qu'elle fume ou non. Cela lui appartient. Par contre, si vous préférez un maître qui ne fume pas, il vous est facile de vérifier cette information avec lui.

Quel doit être le but d'un maître Reiki?

Selon moi, un maître Reiki devrait avoir pour but premier de s'occuper de sa propre évolution spirituelle, de rechercher la vérité, de rencontrer sa propre divinité et de servir la source et l'humanité en reconnaissant la divinité dans tout ce qui vit! Sinon, comment pourrait-il se consacrer réellement au travail du Reiki, œuvre de purification étonnante, si lui-même n'avait pas emprunté et ne cultivait pas un tel chemin vers l'infini?

Le maître a bien sûr à cœur le bien-être spirituel, mental et physique des êtres qui sont guidés vers lui. Il donne généreusement le meilleur de lui-même et de son temps pour écouter les problèmes de l'élève afin de trouver la cause des blocages que la personne expérimente. Le rôle du maître Reiki dépasse donc grandement le temps de la séance de Reiki et de la canalisation de l'énergie à travers les mains. Le maître guidera son élève avec tout son amour à découvrir le pourquoi de la souffrance qui le traumatise et, ensemble, ils trouveront la façon de libérer les émotions qui bloquent encore son évolution. Écouter avec amour et compassion peut ouvrir un cœur si profondément qu'un être apprendra à s'aimer à nouveau, à reconnaître sa propre grandeur, à se libérer de toute culpabilité et à retrouver la paix intérieure.

Les maîtres travaillent-ils seuls?

Travaillent-ils avec les anges?

Un maître Reiki est un canal. Il peut donc canaliser dans les couches célestes différentes entités spirituelles dont la mission est de nous aider. Toutes ces entités sont aussi divines et extraordinaires les unes que les autres; les anges ainsi que les archanges en font partie. Ils travaillent constamment avec nous en Reiki. J'ai fait cette découverte il y a déjà quelques années et je peux vous dire que je les invoque toujours lors de traitements ou d'initiations, et ils sont toujours là prêts à servir.

Ou avec les maîtres ascentionnés?

Au moment de l'initiation, nous apprenons à travailler avec la flamme violette de saint Germain et celui-ci peut être invité en tant que guide lors de traitements ou d'initiations. D'autres travaillent avec Melchizédech qui, lui aussi, fait partie du rayon violet, ce puissant rayon d'amour et de guérison! Et que dire de tous ceux qui travaillent avec notre bien-aimé Jésus. Nous pourrions raconter tellement d'expériences sublimes vécues avec Jésus lors des initiations. Plusieurs travaillent avec leurs guides spirituels, tel un grand maître de l'Inde, ou encore avec un parent décédé. Certaines personnes sont reliées à des êtres de lumière venant d'un autre monde, d'une autre galaxie. Selon le travail que le maître a à faire viendront vers lui les Guides qui répondront le mieux à la demande de la personne traitée.

En quoi consiste la participation du maître dans la guérison?

Guérit-il les gens?

Comme je vous l'ai expliqué précédemment, un maître Reiki est un canal. Il se met dans un état de réceptivité pour accueillir les différents maîtres ou guides qui viendront aider à la guérison spirituelle de la personne qui en a fait la demande.

Comment aide-t-il les gens à s'autoguérir?

Le maître Reiki écoutera et guidera la personne dans un cheminement intérieur qui l'aidera à se découvrir elle-même. Il lui fera comprendre et analyser les blessures qu'elle veut guérir. La plupart des gens ne savent pas vraiment pourquoi ils souffrent. Ils ont tellement enfoui dans leur for intérieur les souvenirs pénibles qu'ils ont vécus qu'ils les ont oubliés. En ouvrant son cœur et en laissant parler la personne souffrante, et bien sûr soutenue par ses guides, le maître réussira à faire remonter à la surface les maux qui doivent être libérés. La personne découvrira alors que le problème était survenu lors de la mort d'un parent ou d'un être cher, ou d'une séparation avec son partenaire ou à la suite d'un accident. Cet événement arrivé soit dans la tendre enfance, soit à l'âge adulte aura créé chez lui des sentiments d'abandon, de culpabilité ou de peur qu'il n'avait pu cerner.

Le fait de reconnaître ce qui s'était passé et de l'accepter permet de libérer l'émotion reliée à cet événement, ce qui active l'autoguérison. Ainsi, le maître sert tout simplement de guide pour permettre à cette personne de s'accueillir et de s'aimer inconditionnellement.

L'échange énergétique
entre le maître et l'élève

Le karma entre le maître et l'élève

Je me suis rendu compte que les êtres qui venaient vers moi avaient souvent un karma commun avec le mien. C'est étrange la façon dont nous nous reconnaissons sans même nous être déjà vus! Avec le temps, j'ai découvert que ces êtres avaient une expérience de vie similaire à la mienne. Ils avaient vécu le même genre d'enfance, le même genre de relations amoureuses, et il en était de même sur le plan professionnel. Il y avait toujours un lien, une ressemblance dans nos vécus. Cela me stupéfiait chaque fois! Je comprends maintenant que c'est un phénomène normal et qu'il doit en être ainsi, puisque chaque fois que le Divin envoie un être vers nous pour guérir une partie d'elle-même ou de lui-même, c'est aussi pour guérir cette même partie souffrante à l'intérieur de nous.

Comment exprimer mon amour et ma gratitude envers tous ceux et toutes celles qui sont venus vers moi et qui m'ont ainsi permis de me découvrir, d'apprendre à m'aimer, de me pardonner et, du fait même, de me guérir. Merci!

L'amour entre le maître et l'élève

Il est vrai qu'un fort lien d'amour et de gratitude se crée entre le maître et son élève. Comment pourrait-il en être autrement lorsque nous nous ressemblons tellement et que nous nous entraidons avec tant d'intensité sur la voie de la guérison spirituelle? Après s'être accompagnés pendant de longues heures durant les initiations, nous avons appris à nous connaître au plus profond de nos cœurs. Cet amour est pur et inconditionnel. C'est tout simplement de la gratitude que nous ressentons l'un pour l'autre! La présence de nos maîtres et de nos guides a permis que ces vibrations d'amour unissent nos âmes et nos cœurs. C'est merveilleux.

Doit-on offrir gratuitement les enseignements du Reiki?

Je sais que certaines personnes croient que, dans le domaine de la spiritualité, il ne devrait jamais y avoir un prix à payer. Mais d'où vient donc cette croyance? Si nous parcourons les Écritures saintes, nous constatons que les étudiants prenaient toujours soin des besoins du maître. Dans le passé, au Tibet et en Inde, les élèves devaient vivre et servir pendant 15 à 20 ans le maître avant d'avoir droit aux initiations. Mme Takata a vécu et servi pendant des années dans la clinique du Dr Chijiro Hayashi avant de recevoir de celui-ci les initiations de maître lui permettant plus tard de lui succéder.

Nous sommes très privilégiés de pouvoir maintenant recevoir ces enseignements sacrés pour seulement quelques dollars. Ne sommes-nous pas un peu trop gâtés? Lorsque nous recevons le Reiki, c'est pour l'éternité. Le Reiki nous suit dans toutes nos vies. Plusieurs personnes en ont fait l'expérience. J'ai moi-même, à la suite de mon initiation du maître, vu une vie en Atlantide où je pratiquais la guérison spirituelle dans un temple; bien sûr, en ce temps-là, on n'appelait peut-être pas cette énergie le Reiki, mais c'était le même rituel.

Je crois que le prix n'est rien d'autre qu'une marque de respect et de gratitude envers ce que nous venons de recevoir. Peut-on même penser mettre un prix sur une chose aussi pure, aussi importante, aussi sacrée que le Reiki? Si nous le pouvions, je crois que personne ne pourrait recevoir les initiations, car la valeur du Reiki est incalculable!

Apprenons à respecter cette divine énergie. Je souhaite de tout cœur que les maîtres qui donnent les initiations prennent conscience que nous recevons toujours selon notre gratitude et notre respect envers l'énergie. Elle n'a jamais été donnée ; trouver l'argent nous permettant de recevoir les initiations fait partie de l'initiation même, c'est une initiation directe avec notre relation avec l'argent. N'oublions pas que l'argent est aussi de l'énergie et nous devons apprendre à la respecter. C'est seulement de cette façon que nous pourrons attirer vers nous l'abondance divine.

Les trois éléments de la guérison

L'amour inconditionnel

S'aimer sans condition, sans jugement. S'accepter tel que nous sommes avec nos qualités et les erreurs que nous avons commises. Apprendre à ressentir de la compassion envers soi-même et en faire autant pour notre prochain. Imaginons un monde sans jugement et rempli d'amour inconditionnel; ce serait le monde dont notre bien-aimé Jésus nous a parlé. Un monde sans compétition, sans orgueil, sans guerre où la paix serait le maître et où tous les êtres vivraient heureux et en sécurité.

La gratitude

La gratitude ouvre les portes du cœur et attire l'abondance à tous les points de vue. Oui, la gratitude! Ce mot qui vibre si fort dans nos cœurs, mais que nous oublions trop souvent d'exprimer! La gratitude envers nos parents, envers nos employeurs, envers la nature. Combien de fois pensons-nous à remercier le Seigneur pour tout ce qu'il nous donne! Nous pensons plutôt à lui reprocher ce qu'il ne nous accorde pas... Ouvrons nos cœurs et remercions chaque jour de tout simplement être encore en vie et d'être entourés de personnes merveilleuses que nous aimons. Remercions de vivre dans un paradis, notre planète, et de constater à quel point nous grandissons. Comme l'amour en nous s'épanouit et combien nous sommes privilégiés de vivre en ce XXe siècle l'expérience de la grande transmutation et de la libération du soi! Rendons grâce à chaque instant d'être là! Merci!

Le pardon

Le pardon... que c'est difficile de se pardonner et de pardonner aux autres!

Le pardon est aussi une clef très importante qui ouvre les portes du cœur. Lorsque nous refusons de nous pardonner nos erreurs, nous endurcissons notre cœur et nous souffrons. La culpabilité devient le maître de notre vie et nous attirons vers nous des châtiments, car nous croyons que nous les méritons. Ne sommes-nous pas venus ici pour expérimenter? Seuls ceux qui ne font rien ne commettent pas d'erreurs. Alors, pardonnons-nous. Apprenons de nos erreurs et grandissons. Cessons de nous accabler! Si nous n'arrivons pas à nous pardonner nous-mêmes, comment pourrons-nous pardonner aux autres? L'étincelle divine brille dans chacun de nos cœurs; ne méritons-nous pas tous le pardon? Pensons-y bien.

Témoignages
des maîtres Reiki

Vandana Gillain

Pour trouver le bonheur, j'ai fait parfois tellement d'efforts, changé de route, de direction encore et encore, changé de travail, de maison... de mari. Mais en fait, la solution était tout autre; il me fallait devenir un serviteur; faire de moi-même une offrande; être au service de ce grand principe qui nous donne vie. Le Chi, la Kundalini et son prana, la force vitale, la lumière, telle est la vie d'un maître Reiki. Dans le Reiki, ne sommes-nous pas ce canal par lequel se déverse le Chi pour venir harmoniser la vie de celui qui le reçoit? En donnant le Reiki, nous sommes donc à la fois au service du suprême et de l'humanité. En servant l'humanité, nous servons le suprême. Ce service est une offrande de nous-mêmes pour améliorer la condition, la situation de quelqu'un d'autre et lui permettre de réharmoniser sa vie dans la mesure où cette personne le désire.

C'est en devenant une offrande de plus en plus totalement, c'est-à-dire en nous effaçant, en obéissant, en respectant les messages que nous recevons tout au long du traitement que, petit à petit, la lumière va nous mouler pour que nous devenions ce guérisseur qu'elle désire faire de nous selon son propre idéal, qui ne correspond pas forcément à ce que nous avions pensé.

Lorsque notre travail est ainsi offert à Dieu sans en attendre les résultats, les fruits, nous recevons cette récompense de devenir celui que nous servons.

Être maître Reiki devient alors, si nous le voulons, un chemin vers l'éternel. Pour qu'il en soit ainsi, il s'agit donc de lâcher nos ambitions, puis de nous soumettre à la volonté de celui qui régit tout cet univers et sait parfaitement bien ce dont nous avons besoin à chaque instant.

Si nous nous reportons aux grandes traditions spirituelles, nous pouvons capter jusqu'à quel degré les grands maîtres honorent leur propre maître et y restent entièrement dévoués.

Mais ne nous trompons pas, ne nous égarons pas, je ne parle pas ici pour celui qui vient de recevoir son quatrième niveau de faire des courbettes à celui qui vient de lui transmettre l'enseignement du Reiki, mais plutôt d'éprouver une dévotion infinie pour ce Chi et de tendre vers la plus grande humilité; d'atteindre cet état où le petit moi disparaît pour laisser toute la place à l'infiniment grand. Que de travail à faire pour être sans égoïsme et offrir véritablement son service à l'humanité!

Pour arriver à un tel état, une très grande discipline, tant sur les plans physique, spirituel que mental, nous est demandée. Pourtant, aussi ardu que soit le fait de remettre en question toutes ces habitudes qui furent nôtres depuis tellement d'années, seule une telle décision suivie des actions nécessaires pour la mettre en œuvre nous apportera le bonheur et, par conséquent, la capacité de réellement partager l'amour, le Chi, la lumière. C'est en nous exhortant à cette discipline que nous pourrons tout à coup, pour quelques instants, goûter à la joie pure du service.

Mes paroles peuvent vous paraître un peu exagérées; pourtant, je suis convaincue que sans établir une discipline, c'est-à-dire choisir continuellement ce qui est plus élevant, nous ne pourrons devenir un véritable maître, soit celui que quelqu'un d'autre peut prendre comme modèle afin d'accéder à une nouvelle façon de vivre.

Il est une chose de donner quelques traitements de Reiki, voire de participer à des guérisons spectaculaires; il est autrement plus difficile de développer nos vertus. Bien sûr, il me reste un long chemin à faire; mais ce chemin en lui-même est déjà une récompense incroyable à tout effort que je peux faire pour tendre vers la perfection.

Pour moi, tendre vers la perfection, c'est ramener dans ma vie la dimension du sacré qui était si bien connue des Indiens d'Amérique et des autres peuples, en des temps plus lointains.

Retrouver le sacré, c'est retrouver, agir à partir de cet espace en nous habité par la gratitude, la reconnaissance pour tout ce que nous recevons de moment en moment. C'est réévaluer qui fait quoi. Sommes-nous si importants? Sommes-nous réellement celui qui agit, celui qui guérit? Ne devons-nous pas plutôt rendre hommage à cette énergie qui, par l'imposition de nos mains, réharmonise les corps, énergie qui est aussi celle qui pourvoit à tous nos besoins matériels, spirituels et qui se cache derrière chacune de nos actions, de nos paroles, de nos émotions, chacun de nos gestes?

Retrouver le sacré, le développer dans nos vies afin que quoi que nous fassions soit un rituel, une offrande viendra alors soutenir, élargir notre pratique de maître Reiki de telle sorte que les personnes auxquelles nous enseignons ou que nous traitons puissent également développer cette nouvelle optique de vie.

Ceci est vraiment pour moi la réelle réharmonisation de la vie. Retrouver ce contact avec l'infini dans les gestes les plus usuels de la vie de tous les jours veut dire pour moi réactiver l'amour d'instant en instant dans chacune de mes pensées. Agir l'amour en soi, envers les autres, c'est renouer directement au cœur de soi avec ce sentiment si pur qu'est la compassion.

Avoir de la compassion ne consiste pas seulement à être ému, à ressentir la peine, la souffrance de quelqu'un mais à devenir actif vis-à-vis de cette souffrance et faire tout ce qui est possible et nécessaire pour la faire disparaître tout en reconnaissant que l'issue finale n'est pas de notre ressort. Il nous revient donc, en tant qu'être participant à la guérison, de cultiver cette vertu tout autant que nous cultivons le sacré de la vie. Une façon simple de cultiver la compassion est de prendre conscience quotidiennement de tout ce que la Providence nous apporte.

Dans le feu de l'action, il est facile d'oublier de s'arrêter pour remercier et réaliser les bienfaits qui sont nôtres en tout instant. En voyant combien notre vie est joie, combien la présence divine s'y manifeste, agir pour le bien des autres devient un service léger, une source de joie et d'expansion. Le cadeau que nous pensons peut-être offrir à un autre devient notre propre cadeau. Cette ouverture à la vie, à nos richesses intérieures débouche sur l'ouverture à l'autre. Encore une fois, qui reçoit quoi!

Cette ouverture vis-à-vis des autres nous demande d'être prêt, capable d'accompagner les situations les plus diverses, les réactions les plus inattendues émergeant lors d'un traitement. Nous avons à accepter tous les sentiments, toutes les scènes de vie antérieure ou de violence qui resurgissent de même que les expériences de lumière ou d'ascension qui se produisent. Pour accueillir, recevoir de tels moments libérateurs et permettre à la personne d'en retirer le plus grand bienfait, il faut aussi nous munir de divers outils d'aide adjacents à la technique du Reiki.

Le Reiki, cette grande force universelle, nous pousse en dehors de notre petit monde et nous dit: «Ouvre, élargis ta conscience, la séance de Reiki n'est qu'une toute petite partie de ton travail, de ton service.» La terre entière, l'univers entier requiert notre participation, notre présence, notre amour. Nous devenons dès lors tels de petits bulbes de lumière prêts à laisser passer ce flux d'amour là où le Reiki nous invite à le partager.

Comme je l'ai déjà mentionné, devenir un canal parfait pour l'énergie exige de nous une discipline dans toutes les sphères de notre vie. Accepter de se discipliner, insérer cette dimension dans notre vie est une des clefs du bonheur. Cette notion de discipline ne m'est pas toujours facile, mais chaque fois que je fais un pas de plus en ce sens, je me sens toujours récompensée par un sentiment de bien-être. Mon corps, mon esprit et mon cœur sont satisfaits. En fait, il n'est pas difficile de constater les résultats d'une vie de discipline : il suffit de lire la vie d'un grand être, d'un grand musicien ou de toute autre personne ayant atteint quelque chose pour se rendre compte que son accomplissement est basé sur la discipline.

La discipline au niveau du corps est un premier point de départ : discipline du sommeil, de la nourriture, connaître ce dont notre corps a besoin et adapter notre régime afin de purifier notre organisme au maximum.

Plus je plonge vers l'intérieur, plus je prends conscience en même temps combien nous forgeons notre propre vie selon ce que nous mettons à l'intérieur de notre corps tant physique que mental. La nourriture et les pensées deviennent donc des champs d'expérience et de croissance en déterminant de plus en plus précisément ce que nous voulons bien accepter à l'intérieur de nous. Pourquoi se nourrir mal ou accepter des pensées qui nous diminuent lorsque nous pouvons choisir la beauté ?

Dans cette discipline, j'englobe également l'exercice régulier : hatha-yoga, marche, natation. Pour compléter ce travail sur le corps et nous permettre de recevoir le plus de lumière possible, un travail de purification au niveau de nos chakras, de nos corps subtils est aussi nécessaire. En effet, au fur et à mesure que des couches diverses de notre enfance ou de nos vies antérieures sont libérées, nous faisons de la place pour laisser passer les rayons d'amour du Reiki. Augmenter le pouvoir de nos corps subtils, de nos corps physiques et émotionnels va nous permettre petit à petit d'élargir notre capacité de voir dans les corps, dans les vies antérieures sans que ceci nous affecte.

Divers exercices de purification ou de croissance des corps subtils nous sont donnés dans de nombreux livres de Reiki ou de guérison naturelle. À chacun de se façonner une routine purificatrice et soutenant le chemin du Reiki selon ses besoins et sa capacité de travailler sur lui-même. Il est évident que ce cheminement est essentiel.

Tout aussi essentielle est l'ouverture à d'autres techniques connexes, à la connaissance de ce que je pourrais appeler notre champ opératoire: le corps humain. Plus nous connaissons en détail ce corps qui est le nôtre et qui est devant nous lors de l'imposition des mains, plus nous pouvons projeter notre rayon laser de lumière de façon précise. Bien sûr, je n'ai pas encore atteint tout cela, mais tendre vers la perfection doit faire partie de notre développement continuel. Je suis toujours émerveillée de voir combien tout ce dont j'ai besoin se présente à moi: cours, livres, rencontres, ateliers visant à agrandir ce devenir à l'intérieur de moi.

Une chose me semble tout à fait certaine: le Reiki n'accepte pas la stagnation; il demande jour après jour un réajustement, un approfondissement de notre propre prise de conscience face à la vie, face aux autres et face à nous-même. Nous devenons des voyageurs dans l'infini de notre propre être.

À travers les étapes que nous franchissons, atteindre une certaine sérénité face au jeu de la vie, aux épreuves à traverser et inspirer ce sentiment auprès des autres deviennent partie de la guérison. Prendre du recul, vivre en terre ferme au-dedans de soi, ne plus être ballotté par les émotions, les événements extérieurs, reconnaître que nous sommes en passage et nous rendre compte que cette vie est le moment pour nous d'atteindre ce que nous cherchons depuis des millénaires est le cadeau que nous nous offrons et que nous offrons aux autres. Réinstaurer autour de nous la beauté, le précieux de ce temps passé sur terre est partie intégrante de notre œuvre.

En reconnaissant la beauté, l'importance de ce passage sur terre pour notre évolution, un sentiment de joie immense, de reconnaissance, de gratitude envahit le cœur. La joie, cette émotion qui peut aller jusqu'à l'extase, vient au fil des temps transformer toute situation difficile en une occasion de croissance, d'évolution, d'ouverture à des états non encore développés en nous.

La joie est le plus grand remède à tous les maux qu'un être peut créer à l'intérieur ou autour de lui. La joie, d'où provient-elle? De l'intérieur, bien sûr! Mais encore, comment prend-elle naissance? Elle émane, elle naît dans la reconnaissance du cœur. Dans cette gratitude pour chaque petite chose, chaque moment de notre vie: une nuit de sommeil, le cadeau d'une autre journée à notre réveil nous permettant de faire un pas de plus vers Dieu, vers notre perfection.

La vie prend une tout autre saveur lorsque je suis capable de reconnaissance pour un lever de soleil, mon petit-déjeuner, quelques gouttes de pluie, le sourire d'un enfant ou d'un passant et que je peux regarder avec joie ce grand jeu de l'énergie qu'est ma vie. Cette joie, cette reconnaissance est un baume à nul autre pareil soutenant tout travail de guérison et permettant une guérison totale.

Cultiver cette joie qu'accompagne la foi que tout est parfait, que rien ne manque, que Dieu est là chaque instant est pour moi le meilleur propulseur d'énergie à travers nos cellules.

Arrêter de vouloir plus, rester dans le présent et découvrir le cadeau caché dans l'instant est une discipline que l'on ne peut plus quitter une fois que l'on y a goûté.

Il est bien connu que les grands sages ne s'apeurent pas, mais qu'ils se délectent de découvrir comment l'énergie de la vie va régler les défis qui leur sont apportés.

Puissions-nous tous être bénis d'arriver à un tel détachement où joie et sérénité se marient au service de l'humanité.

Rollande Bélanger

Message reçu à la suite d'une séance de Reiki, le 1er juin 1997

Pour moi, un maître Reiki est quelqu'un qui a reçu un jour, par la grâce de Dieu, un fabuleux passeport pour entrer en contact avec cette merveilleuse énergie divine.

Cette énergie divine fait que nous pouvons entrer en contact avec sa création, les êtres humains et toutes les créatures qui habitent cette magnifique planète afin de partager inconditionnellement l'amour qui lie tous les êtres pour apporter la guérison à tous les niveaux de conscience, du plus petit au plus grand de nos frères. Que ce soit un petit animal malade ou l'arbre qui souffre, l'air pollué ou les rivières et les lacs salis par notre inconscience, il est possible d'y remédier grâce à cette énergie qu'est le Reiki!

Les guerres entre les peuples, les chicanes entre les gouvernements du monde ainsi que celles entre nous, par cet amour qu'est le Reiki, nous pouvons faire des miracles sur notre planète.

Et mon souhait à moi, ce serait que cette énergie qu'est le Reiki soit respectée et partagée encore davantage pour la nouvelle ère qui est à nos portes.

Ouvrons nos cœurs et partageons-nous cette énergie qui est là à notre portée. Aimons-la, partageons-la!

Aujourd'hui, je dis merci à cette énergie divine de m'avoir permis d'entrer en contact avec elle. Merci à mon maître spirituel, à Élizabeth, de m'avoir initiée et merci à moi-même de m'être donné cette permission de recevoir cette initiation à l'amour inconditionnel. À Élizabeth, en remerciement pour l'amour qu'elle nous partage sans compter.

André DeLadurantaye

**Message de Hilarion reçu en télépathie spirituelle,
le 17 avril 1997**

Élizabeth m'avait demandé de faire un témoignage qui devait répondre à la question: «Qu'est-ce qu'un maître Reiki?» Alors, j'ai choisi de laisser parler Hilarion sur ce thème. Hilarion est un maître ascensionné œuvrant au sein de la hiérarchie divine. Il est le régent du rayon vert, le rayon de la guérison planétaire et de la connaissance. Il est aussi l'initiateur du chakra du troisième œil. Voici donc le message de Hilarion.

Bien-aimés frères et sœurs de lumière, nous sommes honorés de l'accueil que vous faites à nos énergies lorsque vous parlez

Devenir l'Ultime.

de guérison spirituelle. Nous vous remercions de cette occasion qui nous permet d'exprimer toute notre gratitude à ceux et à celles qui œuvrent dans l'énergie de transformation et de guérison planétaire. Bien sûr, il est difficile pour vous de reconnaître en ce moment le bienfait que vous apportez à votre bienveillante terre-mère et à toutes les formes de vie qui l'habitent. Les mots sont peu expressifs pour démontrer notre intérêt à votre travail dans la lumière. Je suis Hilarion et je vous parle au nom de la régence du rayon vert de la hiérarchie divine de votre système solaire.

Plusieurs se posent des questions sur la spiritualité et sur les moyens que la collectivité humaine possède en ce temps de grands changements. On se demande pourquoi on retrouve maintenant des techniques de guérison et d'harmonisation holistiques. Ces techniques se sont perdues il y a très longtemps à un moment où la conscience collective humaine est devenue trop sombre et n'était plus en mesure de garder ces cadeaux que le ciel avait déposés dans les cœurs purs. Pourquoi voyez-vous maintenant dans votre entourage des manifestations énergétiques spectaculaires que vous croyez miraculeuses?

Mes bien-aimés, notre bienveillant père céleste ne laisse jamais ses enfants sans ressources. Vous avez fait preuve de bonne volonté et vous avez accompli des efforts remarquables pour hausser les vibrations de cette planète. Il a reconnu le retour de ses enfants prodigues. Il a permis à la hiérarchie divine d'apporter des monolithes énergétiques qui accompliraient l'éveil de ceux et de celles qui sont prêts à passer à un autre niveau de conscience. De grands moments ont été reconnus dans votre histoire où la hiérarchie divine est intervenue pour soutenir plus concrètement les âmes en évolution sur cette planète. Vous vivez maintenant l'un de ces grands moments.

Le technique de guérison spirituelle millénaire que vous dénommez «Reiki» et que l'humanité a redécouverte il y a quelques décennies est l'un de ces monolithes énergétiques. Il vous a été donné pour propulser la conscience collective à un nouveau niveau vibratoire. Graduellement, ce monolithe énergétique libérera plus de pouvoir pour conduire les âmes qui le choisissent à une transformation de la conscience humaine à la conscience christique. Les initiations que vous vous permettez vous syntonisent sur la fréquence de ce monolithe et vous permettent de recevoir de l'intérieur des informations, que vous ne percevez pas toujours consciemment mais qui vous transforment d'une façon régulière et continue.

Nous devions d'abord apporter ces précisions afin de favoriser une plus grande compréhension des informations qui suivent.

Qu'est-ce qu'un maître Reiki? Nous espérons ne pas trop choquer en vous répondant qu'un vrai maître Reiki est avant tout un disciple au même titre que les apôtres du maître Jésus, mais dans un temps plus actuel. Les initiations que vous vivez vous transfèrent les mêmes pouvoirs qu'avaient les apôtres de guérir non seulement le corps, mais aussi l'esprit de ceux qui souffrent. Le maître Reiki est un apôtre qui, par son désir de servir, apporte l'éveil de la conscience par des infusions d'énergie christique au receveur selon son besoin et son ouverture. Pour bien intégrer ce rôle, il est très important, mes bien-aimés, de vous imprégner de la même humilité et de la même sagesse que vos prédécesseurs, les trois grands pionniers qui l'ont fait connaître et qui l'ont partagé avec tellement d'amour et de respect.

Ces grandes âmes ont reconnu le pouvoir infini qu'elles transmettaient à leurs frères et sœurs par les initiations. Elles savaient aussi qu'elles n'étaient que des instruments, des disciples qui offraient leurs services au nom de la lumière. Imitez les qualités que ces maîtres incarnaient et faites appel à leur présence durant vos séances d'harmonisation holistique. Demandez aussi à vos guides spirituels et à ceux des gens avec qui vous travaillez de venir vous assister dans vos transferts énergétiques. Ils seront très heureux de participer à la réhabilitation harmonieuse du bien-être individuel et collectif.

Nous nous adressons à tous les travailleurs et travailleuses de la Lumière qui ont choisi d'intégrer le rôle de maître Reiki et à tous ces gens qui ont le désir de le devenir. Bien-aimés, la mission que vous avez choisie est importante pour vous-même et pour l'humanité. Vous êtes des phares dans l'océan de confusion que la collectivité humaine s'efforce de traverser. Vous êtes, comme un fil qui sert à rassembler un vêtement, des cellules de conscience avec le pouvoir de rassembler les éléments disparates de la conscience collective. Votre pouvoir d'unification cellulaire dépasse de loin le travail de guérison physique dont vous êtes témoin dans votre quotidien.

Le maître Reiki est un transmetteur d'énergie cosmique d'une vibration très élevée. Par la pureté de son canal, il convertit ces énergies à un taux vibratoire plus accessible à la conscience collective. Il n'est pas nécessaire de connaître le mécanisme de ce phénomène pour que cette transmission soit efficace. Le maître Reiki rayonne constamment, sans en être conscient, sur plusieurs plans à la fois. Il sert de pilier ou d'ancreur de lumière. Il n'est pas nécessaire de pratiquer les symboles pour ceci, car l'initiation de maître a créé les ouvertures nécessaires pour que le flux d'énergie soit continu.

Toutefois, nous devons préciser que cette fonction est relative au degré d'abandon et d'humilité que possède le canal. L'énergie transmise est omnisciente et omniprésente, et sait reconnaître le véritable disciple d'un opportuniste qui ne cherche que promotion et richesse matérielle. Le vrai disciple reconnaît par la joie dont il fait l'expérience, par l'amour et la compréhension qui se fondent en lui, qu'il est gratifié pour ce qu'il apporte à ses semblables. Il sait aussi que plus son engagement est sérieux, plus les maîtres ascensionnés travailleront à travers lui et lui apporteront une grande satisfaction.

Le maître Reiki possède des pouvoirs illimités, mais il doit les découvrir de lui-même par son travail intérieur et par son courage et sa détermination. Il est sur le chemin de l'ascension et tout ce qui vient à lui, tribulations et peines, constitue des épreuves qu'il doit franchir pour devenir un véritable maître de ses émotions et de sa destinée. Le jour où il a reçu le diplôme de maître Reiki a été son baptême énergétique dans les plans de lumière. Par son engagement à son amélioration personnelle à travers le service offert à ses semblables, il s'assure de l'appui des maîtres de lumière qui sont des facilitateurs pour l'ascension individuelle et collective de l'humanité.

Les conditions d'intégration du maître Reiki sont accessibles à tous, car tout est accompli dans l'amour inconditionnel. Si, pour une raison très terrestre, un aspirant ne peut pas se permettre une telle initiation, il doit demander à son guide spirituel de faciliter la réalisation de ce désir. Il est plus probable qu'une ou plusieurs coïncidences favorables se manifestent par la suite, lui permettant de poursuivre la voie qu'il aura choisie. Pour l'avancement spirituel, rien n'est refusé à l'aspirant sérieux et sincère.

Nous vous apportons une autre réalité très importante que le maître Reiki doit endosser. L'initiation de maître est une consécration dans les plans supérieurs de l'individu qui choisit cette voie. Cette consécration est une promesse de partage et de don de soi contractée par l'âme individuelle face à son créateur. Le maître Reiki s'engage à travailler pour l'élévation de ses semblables. Il a le pouvoir d'établir son propre ministère au niveau de l'énergie et de se brancher à des ressources divines illimitées selon sa propre compréhension et son désir de servir. Ses pouvoirs sont équivalents à tout autre ministre de culte, quel qu'il soit. Il a l'assurance de l'engagement des maîtres ascensionnés selon le sérieux et la dévotion dans son propre engagement. Plus il s'approche du principe divin à travers le service, plus il aura la faculté d'incarner ce principe.

Lorsque le maître Reiki incarne l'apôtre en toute humilité, le divin partage ses attributs avec son disciple béni. Cette prise de conscience est un chemin direct vers l'ascension de l'être dans la réalisation de sa propre divinité intérieure. Le maître Reiki qui emprunte ce chemin est assuré, avec la même mesure que ses efforts personnels lui permettent, d'accomplir ce qu'il y a de plus noble dans la destinée de l'être humain.

Plus de cinq millions d'individus sont incarnés actuellement sur la terre pour agir comme receveur d'énergie émise des plans supérieurs par des voies cosmiques naturelles. Les maîtres Reiki font partie, d'une façon inconsciente, de ces transformateurs d'énergie. Ils agissent d'une façon individuelle et naturelle à l'illumination graduelle de la planète tout entière. Ils augmentent la puissance de réception des énergies et des informations utiles aux individus, pour leur apporter l'éveil et pour guérir la planète elle-même.

Mes bien-aimés, une magnifique gerbe énergétique d'une beauté incomparable est en train de se former sur toute la planète. La lumière émise par les cœurs des travailleurs et des travailleuses de la lumière commence à jaillir de toutes parts. Nous sommes gratifiés par vos efforts et votre participation à la résurrection des âmes qui ont choisi d'entendre l'appel des archanges et des maîtres ascensionnés. Vous propagez l'amour en apportant un soulagement à des êtres qui souffrent. Nous vous encourageons à poursuivre votre magnifique travail avec zèle et honneur. Nous sommes avec vous en toutes circonstances et nous sommes heureux de vous assister dans vos démarches pour vous libérer de vos ennuis quotidiens.

Faites appel à nos énergies, à la présence du rayon vert, en toute confiance dans tous vos projets et permettez-nous d'être plus présents dans vos vies. Soyez conscients que vous êtes des êtres divins et répandez cette lumière consciemment autour de vous. Vous faites une grande différence dans l'accomplissement du plan divin. Nous vous bénissons et nous vous encourageons à ramener vos frères et sœurs sur le chemin du retour vers la lumière.

Que la paix, l'harmonie et l'amour soient avec vous tout au long du chemin. Amen.

Hilarion

Prière à la Terre

Symbole du retour à notre Mère la Terre
dans un but d'union et d'amour.
Naître de nouveau en ne faisant qu'un avec elle.

«Éblouissement»

La nouvelle énergie, « Éblouissement »

Maev, canal de toutes entités de lumière ainsi que de son moi supérieur, a incorporé en août 1987 le logos planétaire (date de l'ouverture du grand portail). Cette incorporation a duré plusieurs heures et mis dix jours pour se stabiliser. Personne ne pouvait approcher à moins de dix mètres pendant plusieurs jours sans être brûlé. Ainsi, le logos a pu parcourir la Terre pour y effectuer un travail qui lui était propre.

Son retour à l'univers a eu lieu à la fin de juin 1988.

L'éblouissement lors de la descente sur un chakra de la Terre a été tel que Maev a eu envie de le reproduire et vous le faire partager. La personne qui l'accompagnait a été brûlée par cette énergie, bien qu'éloignée, et a souffert quelque temps. Maev et ses proches ont gardé le secret jusqu'à ce jour, ce qui lui a valu beaucoup de problèmes sans avoir droit d'en parler. Résister à une telle énergie demande un corps en parfaite harmonie et résistant. Une telle pureté aurait pu brûler entièrement le corps de Maev si celle-ci n'avait pas été préparée.

Le logos a réussi à se placer dans son corps, et ses sorties laissaient voir une masse couvrant parfois une ville entière. Quant aux rentrées dans son corps, c'était un véritable exercice, car il pouvait le faire brutalement et provoquer souvent les chutes de Maev. Il a fallu une synchronisation et une position bien équilibrée pour que le logos rentre dans le corps sans problème. Par la suite, ce fut amusant. Après son départ, Maev eut de très grosses fatigues et dut récupérer pendant deux ans. Mais le travail était fait, peu importe les conséquences qu'elle en subissait et les railleries des médias (qui ont été orientés vers d'autres sujets pour permettre au logos de travailler sans que Maev risque sa vie). La terre pouvait changer de vibration. Vous êtes les premiers à savoir.

    Depuis, Maev a participé à toutes les grandes montées vibra-
toires de la planète, notamment en novembre 1990, en octobre
1994, en août 1995 (où la terre a traversé une autre dimension),
en janvier 1996 et le 23 janvier 1997.

Maev
L'énergie pure
pour devenir maître de soi

L'expérience nous mène parfois à nous arrêter et à réfléchir sur le pourquoi et le comment de notre propre évolution. C'est pour cette raison, après avoir été enrichie par les épreuves, les initiations, que la voix intérieure nous permet de dire, de raconter notre expérience afin de mieux aider les autres. Que ce qui suit ne soit pas compris pour vous comme une obligation, mais plutôt comme une lumière sur le chemin. Votre libre arbitre et votre conscience feront la synthèse des informations que vous désirez intégrer.

Des mots clefs vous ouvriront peut-être des portes sur une réalité qui sera vôtre, en attendant de découvrir d'autres réalités, d'autres dimensions de vous-même.

Que les dimensions auxquelles vous désirez appartenir naissent à vous comme la lumière nous arrive de l'espace.

Ainsi, au fil des jours, du temps et de l'espace-temps, je fus amenée à découvrir que...

Différentes réalités, différentes compréhensions viennent à notre esprit, mais elles sont souvent le reflet d'un conditionnement nous laissant croire que nous avons raison. Sommes-nous si naïfs ou manquons-nous d'esprit de synthèse?

Il en résulte que nous faisons souvent l'erreur de nous appuyer sur nos croyances.

Sommes-nous certains qu'au fil des âges, des temps, l'enseignement des anciens nous soit parvenu dans son intégralité?

N'a-t-il pas subi des transformations voulues, et à dessein, afin de nous orienter sur de fausses pistes pour mieux nous déstabiliser, nous conditionner?

Il est important de prendre conscience de toutes les éventualités et de se servir de son intuition, afin de réveiller les mémoires cellulaires nous permettant de nous comporter en parfaite harmonie avec le Cosmos.

Mais qu'est-ce que le cosmos (du grec kosmos, «ordre»*)?*

C'est un ensemble de mouvements d'énergies sans fin dans un synchronisme parfait, régi par des lois universelles, naturelles, celles du bon sens, de l'information, de la création, donc de l'amour à l'état d'énergie. Une seule variante peut y créer le désordre, le chaos.

Dans notre corps, notre esprit, il en va de même.

Tout manquement au respect de la loi d'amour engendre des bouleversements au niveau de l'infiniment petit et de nos cellules. Et la puissance énergétique qui nous vient de l'extérieur ne peut pénétrer sans changer la structure atomique des cellules. Un raz-de-marée positif si l'esprit consent à être le transmetteur de ces énergies.

Mais il y a parfois de mauvaises compréhensions, et certains sont amenés à penser que ce qui est valable pour les autres ne l'est pas pour eux.

Devenir un canal d'énergie nécessite beaucoup de sacrifices dans le sens de la compréhension de monsieur Tout-le-monde, mais surtout un certain bon sens pour celui ou celle qui veut accomplir sa tâche correctement.

Mais essayons de suivre ensemble ces énergies et le cheminement dans nos corps.

Lorsque nous recevons du cosmos (donc de l'ordre de l'univers) des énergies, celles-ci sont là pour nous aider, nous informer et transformer la structure de nos cellules. Ainsi, notre esprit consentant reçoit les éléments nécessaires, et pas plus, à sa transformation.

Nos mondes énergétiques s'animent pour le plus grand bien de notre évolution.

La rapidité de transformation se fera dans la mesure où nous prendrons conscience de l'importance de participer à cet éveil en donnant à notre corps et à notre esprit les éléments essentiels pour y arriver. Sans cela, il y aura seulement un travail perpétuel de nettoyage, sans modification notable. C'est ce qui se passe pour quiconque ne désire pas faire d'effort pour arriver à une évolution.

Rien ne peut se faire sans la conscience!

Et cela n'a d'incidence que sur notre propre évolution. À chacun son monde, sa réalité, son libre arbitre. Nous sommes, dans ce cas-là, en demande d'aide d'un esprit plus éveillé afin de progresser vers la lumière.

Nos blocages, nos peurs, notre insouciance n'ont pour références que nos croyances et l'importance donnée. C'est pour nous le moment de nous détacher de ce que l'on nous a enseigné pour vérifier la vérité.

Au moment présent, nous émanons une fréquence pour l'ensemble de nos corps.

Elle est la résultante de ce que nous pensons et faisons, donc de la réalité d'un moment. Chaque jour, nous pouvons changer cette fréquence, si nous le voulons, afin de participer au changement de l'humanité.

Lorsque nous prenons conscience du potentiel énergétique à notre disposition, il nous arrive d'accepter avec le consentement de notre moi, de notre âme, d'être un catalyseur d'énergie pour le bien des autres. Là, nous devenons canal d'énergie pure.

C'est là que notre prise de conscience doit être en alerte.

Transmettre consciemment de l'énergie nécessite un réceptacle et un esprit en parfait état. Il ne suffit pas d'avoir le désir de transmettre, encore faut-il pouvoir le faire!

Pourquoi? Tout simplement comme l'eau propre à la consommation doit être pure, les tuyaux la véhiculant doivent l'être aussi.

Ne croyez surtout pas qu'une simple harmonisation ou un bon vouloir vont agir comme par magie sur un réceptacle pollué.

Le cosmos est conçu de telle façon que les fréquences servent de système de sécurité ne laissant pénétrer dans le réceptacle que la fréquence capable de le traverser sans dommages. Ainsi, le réceptacle ou catalyseur ne transmet au receveur qu'une partie de ce qu'il aurait souhaité ou mérité. Il est, d'une certaine façon, trompé. La bonne volonté ne suffit pas si elle n'est pas suivie d'une prise de conscience. «À quoi sert ce que je fais?»

Dans la société, pour avoir un poste de qualité, des diplômes sont exigés.

Dans la société de service de la lumière, il en est de même. L'accès à une initiation permettant l'ouverture de canaux ne peut se faire que dans la mesure où le demandeur est conscient de ce qu'il veut obtenir: l'accès à un travail élevé où le désir personnel et le faux ego doivent faire place à l'humilité et à la force intérieure.

Place nette pour les énergies pures...

Nous savons tous que notre société véhicule sans cesse des produits de consommation ou énergies impures, et que l'information est truffée de désinformation, et ce, dans un but d'avilissement de l'être. Un peu de bon sens, de réflexion et de respect de soi nous permettent de décoder ce qui est bon ou non pour nous-même.

Ce qui est sain ne peut être pollué ni modifié. Les croyances et le conditionnement en sont absents. Tout ce qui détruira le corps ou l'esprit est à bannir. Tout ce qui ne les construira pas sera à délaisser. Les lois cosmiques sont des lois d'amour, pas d'avilissement. Accepter de s'autodétruire revient à tourner le dos à la lumière. Cependant, tout est permis selon le libre arbitre.

Seul le chemin que l'on désire prendre est à définir. Il faut toutefois savoir que l'on ne peut servir deux maîtres à la fois sans se nier soi-même.

De l'ordre dans notre alimentation et dans toutes formes de pollution, y compris celle de l'esprit, est à mettre en application.

Il apparaît curieux, dans certains enseignements de soins énergétiques, de constater un manque de précision quant au respect à apporter à la technique pratiquée.

Il ne s'agit pas de vouloir devenir maître de ceci ou de cela si nous n'avons pas acquis la maîtrise de soi. La pratique d'un art n'a jamais forcément donné de grand maître ni de bon artiste. D'ailleurs, être canal ne peut se définir comme une maîtrise de l'énergie, mais comme une maîtrise de soi afin de permettre à l'énergie d'être véhiculée.

Et chaque degré de maîtrise permet l'accès ou l'ouverture de portes à des énergies plus puissantes. Ceci nécessite des connexions neurotransmettrices du réceptacle encore plus pures et plus conscientes.

Un réceptacle qui fume, boit de l'alcool, mange mal, pense mal ne peut en aucun cas être capable de transmettre des énergies d'amour, des énergies de grande pureté. Il ne transmettra qu'un filet d'eau d'énergie. C'est pour cette raison que certaines conditions sont mises pour accéder à la maîtrise du réceptacle d'énergie; le lâcher-prise global en fait partie.

Certaines initiations peuvent paraître aberrantes; elles correspondent toutefois à une logique, à un ordre.

Il y a aussi un facteur important à la compréhension de l'ordre, ou cosmos, c'est l'échange.

Vous ne pouvez recevoir sans rendre en contrepartie l'équivalent de ce que vous recevez.

ÉNERGIE pour ÉNERGIE, et tout est énergie. Recevoir sans rendre avec amour constitue pour le cosmos une dette qu'il faudra régler tôt ou tard.

Alors, à ceux et à celles qui demandent toujours sans rien donner, sachez qu'il vous sera repris sous une forme ou sous une autre l'équivalent de cette énergie!

Les plateaux de la balance doivent s'équilibrer, et celui qui a transmis recevra par un moyen détourné en apparence l'équivalent de son don d'amour.

N'oubliez pas qu'un blocage, même à une énergie argent, a son fondement dans une croyance, et celle-ci est le reflet de ce que vous êtes au présent, ou comme: «Je ne suis pas aimé... parce que je n'aime pas!»

Être maître de soi consiste en un travail de compréhension de soi, du mécanisme des atomes qui composent notre corps, ces derniers étant composés d'énergie. Le bon fonctionnement énergétique du corps ouvre les portes à la compréhension, et l'esprit à la mise en circulation des énergies.

L'action de l'esprit déclenche le mouvement des énergies.

D'où l'importance de PENSER JUSTE. Ainsi, les énergies cosmiques peuvent être déversées et reçues afin de régénérer et d'informer le corps. Et, de pas en pas, le cheminement de l'être se fait, ouvrant le cœur et l'esprit vers une créativité d'amour. Le corps émane alors sa fréquence, et celle-ci se nourrit de ses propres émotions, véritables déclencheuses d'éveil et de libération.

Les êtres que l'on aide peuvent ainsi être accompagnés sans dépendance. La durée de redécouverte sera fonction du libre arbitre et de son «autoprise» en charge. Plus l'éveil de celui qui maîtrise le soi est élevé, plus les informations pour aider l'autre sont grandes.

Sa fréquence émise lui permet d'orchestrer le vécu des autres plus facilement.

La force intérieure se développe, le regard est pur, l'équilibre est acquis, la créativité est sans limite.

C'est ainsi que l'émission de la fréquence de celui qui est arrivé à une maîtrise du soi permet d'imaginer d'autres formes de réalité et de perceptions hors et dans l'espace-temps de la Terre. Cet être devient multiple, et sa dimension de lumière lui permet de savoir qu'il ne fait que passer.

«Tel un nuage évanescent, je traverserai les âges, libre d'être présent ou de me libérer de cet âge.»

Messages des maîtres de sagesse canalisés par Maev

Nombreux sont les enseignants de la terre nous demandant comment les énergies nouvelles qui se déversent sur eux actuellement vont permettre une évolution globale, et quel sera leur rôle «nouveau» dans la nouvelle forme de soins à apporter à l'humanité.

Nous avons effectivement beaucoup à vous dire, mais nous voulons avant tout vous rassurer. En aucun cas les énergies ne seront perturbatrices, puisqu'elles sont composées d'amour et de lumière. Par conséquent, elles viendront renforcer et transformer toute la mémoire cellulaire de vos corps pour être plus puissantes et performantes.

Certains d'entre vous seront étonnés du changement apporté dans leur façon même de travailler.

La densité de ces énergies étant composée de plus d'informations, l'évolution et la compréhension seront plus rapides. Attention toutefois aux blocages dans votre corps apportés par une baisse soudaine d'énergie. Des maux de tête, des tensions cervicales, des déplacements de vertèbres peuvent survenir si le corps n'est pas relâché et en acceptation de réceptivité.

En effet, une trop grande concentration intellectuelle, un refus de ce qui arrive ou un refus de transformation peuvent bloquer dans leur transit les énergies transformatrices.

Lorsque vous aurez compris que seul votre ressenti et votre intuition sont nécessaires au bon fonctionnement du nouveau système énergétique, alors tout se passera bien. La nouvelle compréhension des soins et de l'éveil de votre spiritualité vous informera de l'attitude à avoir.

Le recevoir au creux de ses mains.

Vous rencontrerez d'ailleurs sur votre route des êtres qui vous permettront d'accélérer encore plus votre avancée sur le chemin de la lumière. Ce sont des agents de lumière, gardiens de certaines fréquences, détenteurs de clefs, afin de vous ouvrir des portes.

Vous les reconnaîtrez à leur force intérieure et à leur rayonnement. Ils sont des transmetteurs et des catalyseurs d'énergies plus fortes afin de faire monter en vibrations la planète et l'humanité. Réservez-leur un bon accueil.

N'ayez plus de craintes, de peurs; les possibilités de réalisation des prophéties dévastatrices s'éloignent, mettant en place une ère nouvelle, celle que vous avez acceptée de réaliser. Laissez s'éloigner le négatif et vivez le présent avec avidité d'amour.

Certains d'entre vous ont toujours senti leurs moyens d'agir restreints. Cela vient du fait qu'en vous incarnant, vous avez accepté de servir l'humanité en lui permettant de régler son karma. Certains ont pu, d'autres pas.

Cela explique les répétitions de situations négatives vous signalant des blocages inexplicables. Ne vous souciez pas de savoir si vous arriverez à tout assumer. Cela serait au-dessus de vos forces. Acceptez d'avoir fait le maximum et demandez la libération de ce service à vos guides ou à nous-mêmes. Ainsi, vous serez prêt à activer le service suivant conçu pour l'amour, la créativité. Formulez seulement cette demande jusqu'à ce que vous l'obteniez. «J'appelle mes guides et je leur demande de me libérer de mon service actuel sur terre afin d'entrer en fonction dans le service suivant, fait d'amour et de créativité.» Et vous méditez. Soyez en paix!

Nos frères de lumière s'activent autour de la terre pour la mise en place de l'octave nouveau de l'ère du Verseau. Ils établissent des fréquences qui vont quadriller la terre, créant ainsi des annulations du négatif au fur et à mesure qu'il se présentera. Ainsi, et pour le présent, le travail de colmatage que vous avez entrepris permettra d'envisager un futur moins compliqué, plus serein.

Votre objectif n'est pas de vous complaire dans une situation négative sans issue, et pour vous intolérable, mais de passer à l'étape suivante qui est celle de la création de votre futur positif.

D'autres travaux sur d'autres plans, d'autres dimensions sont en cours. Ils ont pour but de redonner à la terre son identité première ainsi que de transformer vibratoirement les univers ayant subi des préjudices par l'état passé et présent de votre humanité.

Des informations vous seront bientôt données par la canalisation d'un gardien de la fréquence sur terre. De belles et surprenantes informations vous seront révélées le moment venu.

En attendant, sachez que l'état de la terre et l'avancée des êtres de lumière sur cette planète sont plus importants que l'attente sans fin de retardataires en besoin d'évolution. N'ayez de crainte pour eux, ils reviendront en incarnation, avec des données nouvelles, et votre travail présent sera pour eux l'étincelle de transformation modifiant leur conscience.

Vous êtes là pour l'amour, non pour la souffrance. Sachez que celle-ci n'a jamais été voulue par le divin; elle est la conséquence de la non-évolution de certains êtres hors de la terre.

Refusez la culpabilité, car aucun de vous n'est porteur de péché. Tout ceci fait partie d'un passé qui se doit d'être révolu. Il n'avait de fondement que les croyances et le conditionnement établis par des êtres non conscients.

Vivez dans l'amour, la joie et le partage. Laissez le divin se répandre en vous, vous êtes très beaux. Laissez-vous guider par votre intuition afin d'être plus fort et plus pur.

Soignez votre corps, car il est un réceptacle d'amour pur. Ne négligez pas les précautions d'usage, mentales ou physiques; elles vous éviteront des désagréments.

Soyez serein sur le chemin de lumière que vous avez choisi.

Avec amour, Maev.

Conscience de Maev

Chacun de nous a des possibilités, parfois insoupçonnées, d'être la personne qu'il a toujours rêvé d'être. Nous imaginons souvent grâce à notre esprit et à notre créativité un monde sans limite, sans agressivité, avec beaucoup d'amour. Mais nos limites terrestres, nos peurs font souvent barrage à des ouvertures de conscience où nous pourrions être seul maître à bord et où personne ne nous atteindrait! Alors, enfilons nos habits de lumière et flottons au gré de notre aspiration vers des sphères, des mondes où le rêve et la réalité sembleraient se confondre et où, pourtant, la magie du beau ne serait pas un leurre mais un état de conscience. Vous écoutez tous la radio, sans en voir les ondes ni les fréquences. Pour votre cerveau, c'est la même chose. Il capte ce que votre potentiel d'énergie consciente lui permet d'entendre. Et selon son état d'éveil, d'ouverture, il captera les fréquences de modulations de l'espace.

Alors, branchons notre radio intergalactique et écoutons ce que nous disent les modulations de fréquences de l'espace!

Un speaker intergalactique parle.

Nos différentes incarnations sur terre ou dans d'autres sphères d'énergie, dans d'autres lieux ou d'autres temps ont propulsé nos âmes à un niveau vibratoire qui est le leur actuellement. S'accrocher à un état d'être, à une incarnation pour se valoriser ou se culpabiliser en essayant de comprendre emprisonne notre âme dans le passé, la fige à un état de conscience et l'empêche de gravir les étapes de libération d'elle-même. Lorsque tout envoie les âmes dans l'espace à la recherche d'une identification de celle-ci, c'est pour permettre à sa magnificence de contempler les différentes facettes de sa création. Ces âmes sont autant de révélateurs de sa créativité et le résultat lui permet de transformer ce qui est encore imparfait à lui-même, à sa vision des choses! Nos sommes chacun à un niveau de conscience et le fait de se révéler, de se trouver nous permet de nous identifier à une référence divine ayant déjà existé. Cela veut dire que nous appartenons à une vibration qui devient notre repère dans la nuit et à laquelle nous nous identifions afin de ne pas nous perdre. C'est la raison pour laquelle, en cette fin de cycle, beaucoup d'âmes, en retrouvant leur identité vibratoire, se fondent en elle et deviennent celle-ci.

Sommes-nous à la veille de comprendre?

Nous nous trouvons donc devant un phénomène hors de pensée du commun, puisque nous pouvons rencontrer sur terre des identifications de Marie, de Jésus, du Christ, de Krisna, d'Arjun, etc. Nul doute que ces personnes sont parfaitement sincères, puisque leur âme a identifié son point de repère. Nous grandissons tous avec un seul but: rejoindre le divin dans son omniprésence; nous nous arrêtons à des paliers ou niveaux de conscience afin d'en établir le bilan. Réjouissons-nous de pouvoir dire et penser: «Je suis la réincarnation de...» Cela est vrai, puisque chaque être de lumière ayant laissé des points de focalisation dans l'éthérique lors de sa venue sur terre l'a fait pour permettre à chacun de nous de localiser cette lumière et d'avoir ainsi un point de repère dans la nuit noire de la terre.

Les maîtres nous ont-ils laissé des repères pour les rejoindre?

Tous les maîtres ont été là pour nous permettre de les rejoindre. Réjouissons-nous! C'est ainsi que la réincarnation supposée d'un Jésus devient celui-ci, puisqu'il a rejoint la vibration du maître et appartient à sa famille, soit un maître en puissance de lui-même. Nul n'étant le maître de l'autre ni de quiconque. Ainsi, cette réincarnation supposée rejoint un corps afin de le compléter, comme une cellule du corps fait partie de celui auquel elle appartient. Dans cette fin de siècle, lorsque tous les corps auront été identifiés ou se seront vibratoirement reconnus, leur temps de passage se terminera dans la matière pour rejoindre une conscience plus élevée permettant l'identification de leur prochaine fréquence ou appartenance à une famille.

Rêve ou réalité?

La voix du présentateur résonne encore à nos oreilles et le charme de cette explication semble nous faire comprendre l'importance de se regarder soi et non les autres, afin de ne pas juger ni exclure ce qui n'est pas nous. Ne serait-ce pas dans nos différences que le gigantesque puzzle terrestre devrait être assemblé? Ne serait-ce pas dans la joie de l'acceptation que tous nos problèmes pourraient se résoudre? Peut-être avons-nous à réfléchir, à prendre conscience, pour nous-mêmes, avec simplicité et humilité, que l'amour passe par la compréhension de soi pour mieux aimer les autres. Être et pardonner, connaître et accepter. À quel programme notre libre arbitre nous invite-t-il?

Sommes-nous prêts?

Un message descend. Le désir de transmettre l'emporte toujours sur la très grande fatigue accumulée. Nous sommes tous en mutation et chaque être, chaque âme a besoin d'une lumière dans le désordre chaotique du moment. Alors, transmettons avec amour:

«Les temps s'en viennent où chacun de vous, après avoir cherché longuement une réponse à travers les canaux, comprendra qu'il est plus sage et moins dangereux de le trouver en soi. La beauté, la lumière est en chacun de vous. Déblayez les encombrements intérieurs que vous avez accumulés et contemplez le temple, votre temple. Pendant longtemps, vous avez travaillé sur les liens et les dépendances extérieures. Vous avez lâché prise avec les illusions, du moins vous avez essayé. Mais la plus grande découverte est à faire à l'intérieur de vous, c'est-à-dire celle de votre prison! Libérez-vous de vous-même. Trouvez la juste acceptation du soi. Acceptez d'être, sans dépendance, dans la joie et l'unité de tout votre être, physique, psychique et spirituel. Aimez-vous simplement, sans vous soucier des erreurs que vous avez cru commettre. Aimez-vous sans penser à ce que les autres pourront dire. Acceptez-vous libre! Devenez maître de vous. Êtes-vous si heureux de dépendre des autres? Êtes-vous si faible que vous ne puissiez rien lâcher de ce qui vous fait mal? Non, alors avancez hors de la souffrance que vous avez engendrée. Faites le vide de la grisaille de votre intérieur pour faire le plein de lumière. Peu importe comment vous concevez le divin. Peu importe ce que vous avez pu lire. Ce qui est vrai, c'est votre réalité intérieure. Ce qui est vrai, c'est ce que vous êtes capables d'être.

«Auscultez votre intérieur sans complaisance et riez de vos erreurs. Acceptez le divin sans idée préconçue comme le principe premier de libération de soi. Le divin est ce que vous voulez qu'il soit dans le positif et la lumière. Accepteriez-vous de recevoir de très grands amis sans avoir fait un peu de ménage ou de rangement? Non. Alors, sachez que si le divin a tous les pouvoirs, il a aussi le désir du confort et de la propreté. Et cette dernière ne peut se concevoir que sur tous les plans. Il n'est pas possible de servir deux maîtres à la fois. Vivre de compromis et de faux-semblants. Soyez sincère avec vous-même et servez-vous de votre discernement pour couper avec ce qui peut vous détruire ou vous aliéner. Éloignez-vous de ce qui est nuisible tant sur les plans physique et émotionnel que spirituel. Débarrassez-vous de vos vieilles habitudes et de vos vieux conditionnements, car il s'en vient des jours de grandes transformations où la lumière ne fera de cadeau qu'à ceux qui auront su accepter de la recevoir. Les portes s'ouvrent et vous trouverez au fond de vous-même des possibilités de compréhension enfouies, oubliées. Vous vous dé-couvrirez multiples, capables de maîtriser plusieurs façons d'être. Au moins sept possibilités vont s'ouvrir à vous. Des aides vous permettront de franchir des portes. Vous découvrirez la maîtrise de l'âme, du don de soi, du renoncement, du corps christique, du verbe, et sur ce plan planétaire.

«Douze portes seront mises en place pour vous permettre d'accéder à des champs de conscience et d'énergies différentes, plus hautes. Selon votre éveil et le lien où vous serez planétairement, des êtres avec votre collaboration, vous feront franchir les premiers pas d'un monde encore inexploité par vous. De grandes surprises arrivent, serez-vous prêts à les accueillir et à les accepter? L'amour, la simplicité et l'humilité seront vos devises. Le respect de chaque chose sera votre argument de réalisation.

«Apprenez à découvrir les valeurs en vous. Vibrez de tout votre être et soyez généreux envers les autres et vous-même. Beaucoup d'entre vous auront énormément de travail. Ils viendront à vous, ceux qui souffrent, afin d'apprendre de vous la libération d'eux-mêmes. Vous pourrez quitter votre corps émotionnel, vous accéderez à la maîtrise de vous-même. Mais sachez que nul n'est le maître de l'autre, à moins d'être un tyran, et que nous-même ne sommes que des êtres réalisés, en voie de transformation constante, pour le plus grand plaisir et la plus grande réalisation du divin.

«Alors au travail, il est nécessaire d'être prêt!»

Les maîtres du passage
par Sarah Diane Pomerleau,
écrivain, éditrice, journaliste,
psychothérapeute et maître Reiki

De fort nombreuses années d'expertise et de recherches, dans le domaine de l'inconscient et de la psychothérapie, lui ont permis de créer une approche originale qui allie l'inconscient et l'intuition, la guérison, l'instinct et la spiritualité : *l'exploration du passage de la mort à la vie consciente*. Son plus récent ouvrage est intitulé *L'au-d'ici vaut bien l'au-delà.*

Dans ce livre, elle nous témoigne de sa mission sur terre avec les maîtres du passage. Voici son témoignage.

Prendre le chemin sans en connaître la fin.

Ma mission sur terre actuellement, en plus de l'écriture, est d'enseigner aux êtres à explorer le passage de la mort à la vie consciente. Je suis accompagnée dans mon travail par un groupe d'êtres (incarnés ou non, archétypaux ou non) que je nomme «les maîtres du passage». Ils sont fort nombreux et très fidèles.

Durant les séminaires, leur présence varie selon la nature du système de croyances des participants, le niveau d'ouverture de leur conscience et le développement de leur être. C'est ainsi que, dans certains groupes, domineront davantage des êtres de nature angélique ou des maîtres spirituels, des archétypes universels ou des dieux vivants.

Ils ont commencé à se manifester discrètement au cours du premier séminaire que j'ai donné en novembre 1995, aux abords d'un petit village en France. Depuis, ils sont toujours là et nous assistent lorsque nous explorons le passage et, surtout, lorsque nous intégrons leurs enseignements, leurs initiations et leurs rituels sur terre.

Qui sont les maîtres du passage?

Le terme «maîtres du passage» n'est pas limitatif. Il fait référence à un regroupement de guides qui accompagnent les âmes dans le passage de l'incarnation ou de la mort.

Au cours des séminaires en exploration du passage de la mort à la vie consciente, certains de ces maîtres ont déjà été identifiés par plusieurs participants. Les voici.

Christ, Jésus, Bouddha, Babaji, Ma Ananda Mayi, Michael Aivanhov, Marie Mère de Jésus, Mafu, Ramtha, Black Eagle, Gaia, Sogyal Rinpoche, plusieurs maîtres spirituels de différentes cultures, plusieurs maîtres ascensionnés, des apôtres, des prophètes, certains anges, certains archanges (surtout Michael), certains guides individuels, des âmes de personnes décédées, des guides humains terrestres incarnés, des guides intergalactiques, des archétypes mythologiques (dieux, déesses et autres), certains passeurs de terre, des animaux chamaniques tels que l'aigle, le dauphin blanc, le dragon et le phénix. Il y a un ou des maîtres du passage pour chacun de nous. À nous de les reconnaître, de les identifier et d'explorer le passage avec eux.

Comment puis-je canaliser les maîtres du passage?

Je sais qu'ils sont toujours présents, puisqu'ils font partie de moi, de mon soi, mais je les sens intervenir de façon toute particulière en deux circonstances principales: au cours des séminaires d'exploration du passage et en processus d'écriture.

Les séminaires

Leur présence se fait déjà sentir quelques jours avant le début du séminaire dans la vie de tous les participants, même si je ne les ai jamais rencontrés auparavant. C'est une phase de préparation qui les plonge inconsciemment, et parfois consciemment, dans leurs propres espaces d'attachements, de ressentiments, de mort. Je sais alors que les maîtres du passage sont à l'œuvre. Au cours des séminaires, ils sont avec nous constamment. La rencontre plus directe, par mon intermédiaire, a lieu au début et à la fin de chaque journée au cours d'une méditation de groupe. C'est alors que les maîtres du passage transmettent leurs enseignements, leurs initiations, leurs rituels.

L'écriture

D'aussi loin que je me souvienne, j'ai toujours écrit et j'ai toujours écrit en état de canalisation, ce que les écrivains et les poètes appellent l'inspiration. Plus récemment, il m'a été donné de vivre des expériences d'écriture encore plus inspirées par *L'au-d'ici vaut bien l'au-delà*. Le processus d'écriture inspirée s'est vraiment installé en 1989, tout au long de l'année où j'ai reçu des informations de l'un de mes guides à travers l'écriture. Par la suite, j'ai écrit de nombreux textes qui jaillissent directement de la source intérieure et non de mon mental.

L'intervention des maîtres du passage s'est manifestée plus spécifiquement lors de mon premier livre, *L'au-d'ici vaut bien l'au-delà*, en juillet 1996. Ils étaient constamment présents tout au long du processus d'écriture, me maintenant presque nuit et jour en état de veille. Je les ressentais de partout: dans le chakra du cœur, dans la circulation sanguine, dans les rêves et les méditations, dans le chakra couronne. Il suffisait que je ferme les yeux pour que les mots et les phrases déferlent sur le papier. Il faut dire aussi que je m'étais réfugiée à la campagne, dans un lieu de retraite propice à la création.

Quelle est la mission des maîtres du passage?

Elle a plusieurs volets, mais leur intention première est d'accompagner les âmes dans le passage et de les guider là où elles doivent aller pour être initiées ou se guérir. Leur mission, c'est également d'amener les humains à se souvenir de leur nature divine et à s'y rebrancher. Les maîtres du passage aident les âmes à choisir à nouveau leur présente incarnation et leur mission sur terre.

Ils permettent aux passeurs de terre de développer leurs capacités de canalisation en direct et de démystifier ainsi la médiumnité et même l'ascension. Ils invitent les individus à se préparer au passage en se libérant de leurs attachements, de leurs ressentiments, de leur peur de la mort. Finalement, ils les amènent à découvrir et à expérimenter l'au-delà.

Voici une méditation proposée par les maîtres du passage

Installez-vous confortablement dans un endroit paisible. Fermez les yeux et entrez dans votre silence intérieur. Visualisez que vous êtes en état de recueillement, assis au centre d'une plateforme cristalline entourée d'un cylindre de lumière dorée qui s'élève très haut dans l'espace.

Préparez-vous à accueillir les maîtres du passage. Observez-les qui viennent s'installer autour de vous l'un après l'autre sur la plateforme. Prenez le temps de reconnaître et d'identifier certains d'entre eux.

Lorsque vous êtes prêts, la plateforme commence à ascensionner vers le haut du cylindre. Elle s'élève au-dessus de l'atmosphère terrestre jusqu'à ce que vous perceviez la planète bleue, Gaia la Terre. Puis, elle s'immobilise en orbite au-dessus de la région où vous venez d'ascensionner. En compagnie des maîtres du passage, vous commencez une rotation autour de la terre vous dirigeant d'ouest en est.

Tout au long de votre périple, prenez le temps d'identifier les lieux sur la terre qui ont besoin de lumière et de guérison. Lorsque ce sera fait, demandez à votre soleil personnel d'envoyer vers vous un rayon de lumière, d'amour, de guérison, et canalisez ce rayon en vous. Laissez-le pénétrer dans votre canal, vos chakras, vos cellules, puis projetez la lumière vers chacun des lieux sur terre à mesure que vous les identifiez.

Poursuivez votre voyage jusqu'à ce que vous soyez revenus au point de départ. Cessez la projection de lumière et contemplez votre action. Remerciez Gaia avant de commencer à redescendre doucement vers la terre. Écoutez le message qu'elle a à vous communiquer.

Lorsque vous êtes de retour, remerciez les maîtres du passage et remerciez-vous. Observez-les quitter la plateforme tout en sachant que vous pourrez les rencontrer à nouveau lorsque vous le demanderez. Laissez circuler en vous la puissance de votre propre énergie divine. Complétez en mariant dans votre être votre yin et votre yang, vos natures divine et humaine.

Ramenez paisiblement votre conscience dans le plan terrestre et dans votre corps physique. Permettez à vos cellules d'accueillir la joie et de la transmettre à tous ceux et à toutes celles que vous rencontrerez aujourd'hui.

Jacquelin Bourguignon, massothérapeute et maître Reiki

Un maître Reiki est une personne qui partage son amour et la lumière de Dieu avec compassion et sans jugement pour chaque être humain. Il est un canal pour la lumière de Dieu. Il donne sans attente, car ce n'est pas lui qui décide des résultats. C'est la personne qui reçoit le Reiki qui est en mesure de faire le chemin qu'elle veut faire. Le maître continue son évolution avec chaque nouvelle  expérience qu'il vit. Il essaie de grandir. Mon initiation de maître Reiki fut le plus beau cadeau que je me suis donné de toute ma vie.

Je veux partager avec vous une expérience qui me tient à cœur.

J'ai fait la connaissance d'un jeune garçon de cinq ans, Yves, dans un moment de sa vie où il était très malade : un de ses reins ne fonctionnait pas et son autre ne fonctionnait qu'à 20 %. Après quelques séances de Reiki, ses parents constatèrent une légère amélioration de son état ; la confiance s'installa.

Sa mère ainsi que sa grand-mère prirent la décision de se faire initier aux niveaux un et deux du Reiki pour aider davantage Yves.

Après un an, le rein du garçon arrêta de fonctionner. Malgré cette grande épreuve, le jeune garçon garda sa joie de vivre et sa volonté de guérir. Il devenait de plus en plus fort. Mais après quelques séances de dialyse, son état se détériora rapidement. Il n'était plus question d'attendre pour un donneur. Sa mère décida d'offrir son rein. Elle dut passer une série d'examens afin de vérifier la compatibilité de son rein avec celui de son garçon.

Nous nous unîmes pour pratiquer le Reiki afin de venir en aide au petit. Les examens du garçon se passèrent très bien, car le Reiki aide à maintenir un bon contrôle contre la douleur physique et morale; il récupéra bien. La famille fit preuve de beaucoup de courage en prenant les bouchées doubles afin de ne pas négliger la petite sœur qui demandait aussi de l'attention.

Bonne nouvelle: le rein de la maman est compatible. L'opération se déroula sans problème.

Quelques semaines plus tard, la maman fut invitée dans une fête de famille et elle put danser. Yves, lui, quitta l'hôpital en pleine forme.

Sa mère n'avait jamais perdu confiance. Elle se donnait son Reiki tous les jours, aidée de Suzanne et de moi.

Même si cette opération était obligatoire et difficile, il fut possible de constater que l'énergie du Reiki leur avait donné la force de passer à travers cette expérience et d'en sortir grandis.

Une autre expérience me vient à l'esprit, celle de Rita, ma belle-maman, une dame de 76 ans. Au début, elle venait me rencontrer pour recevoir des massages, mais elle avait une grande ouverture d'esprit face au Reiki. Elle a voulu connaître et expérimenter cette énergie. Chaque fois que j'allais à Québec, j'étais certain qu'elle me demanderait une séance de Reiki. Lorsqu'elle ne se sentait pas bien, elle prenait le temps de demander à l'énergie du Reiki de lui venir en aide.

Lorsque son mari était malade, elle demandait à sa façon au Reiki de l'aider. Elle vécut le décès de son époux avec une grande sérénité. Sa peine était profonde, mais elle demeura calme et fut très forte.

Et la vie continua encore deux ans. Un jeudi soir, elle commença à ne pas se sentir bien. Nous la conduisîmes à l'hôpital.

Elle fut opérée le vendredi matin. Le médecin nous déclara qu'elle avait un cancer généralisé et qu'il ne lui restait que deux à trois mois à vivre. Elle me demanda de l'aide et j'acceptai. Le cœur rempli de chagrin, je lui fis du Reiki tous les soirs. Elle mourut cinq jours plus tard, très sereine, très calme. Elle n'eut jamais peur. Elle n'était pas seule.

Savoir que tout est parfait.

Denise Quintal, maître Reiki

Généralement, un maître Reiki est déjà une personne au service des autres avant même d'être initiée au Reiki ; une personne qui, à travers son propre cheminement, a le désir d'aider les autres à en faire autant, souvent en s'oubliant elle-même.

Cet oubli de soi apporte, dans de nombreux cas, un épuisement physique et mène à un vide énergétique. Avec le Reiki, nous apprenons à aider lorsqu'on nous le demande. La personne qui agit comme canal d'énergie universelle reçoit autant d'énergie qu'elle peut en transmettre. Elle ne peut donc jamais se vider.

Les différents niveaux du Reiki mènent à diverses prises de conscience face à soi-même. Travailler avec son cœur, être centré, vivre l'instant présent, prendre sa place, le respect de soi et des autres sont autant de réalisations qui apportent des changements dans notre vie. Apprendre à respecter les autres nous permet de vivre des relations beaucoup plus harmonieuses avec notre entourage.

Tout en étant conscient de l'énergie universelle, le maître Reiki devient aussi plus conscient dans la vie. Être maître Reiki veut dire que je suis allée jusqu'au bout de ce qui est enseigné pour le Reiki parce que j'ai le désir de l'enseigner aux autres. Personnellement, devenir maître Reiki ne veut pas dire que je deviens maître des autres, mais bien que j'acquiers de plus en plus la maîtrise de soi.

Je fais une grande différence entre le contrôle de soi et la maîtrise de soi. Par le passé, le contrôle m'a amenée à refouler mes émotions pour devenir ce qu'on voulait que je sois, ce qui m'empêchait d'évoluer, alors que la maîtrise de soi est la connaissance et la compréhension de soi à travers mes émotions pour les dépasser et continuer à évoluer.

Être maître Reiki ne signifie pas du tout que je doive gonfler mon ego en me croyant supérieure, mais plutôt que je me donne les outils pour avancer tout en apprenant à intégrer l'énergie universelle dans ma vie quotidienne. En fait, cela m'a appris ce qu'est l'harmonie du cœur et de l'esprit et à être centrée pour vivre intensément ma vie tout en aidant ceux qui le désirent.

Plutôt que de vivre la dualité d'être soit spirituelle, soit de vivre le plan physique et matériel, j'ai décidé de fusionner les deux. J'ai ainsi le sentiment de rejoindre ce pourquoi je suis venue en ce monde. Être maître Reiki ne veut pas dire que je suis jovialiste, mais bien que je suis réaliste: je vois les choses comme elles sont parce que je suis centrée dans le moment présent. La vie m'apporte autant d'étapes à traverser, et le Reiki est mon outil pour les surmonter beaucoup plus facilement. Puisque l'évolution est le travail de toute une vie, tout en continuant de travailler sur moi, je désire apporter et partager avec les autres tout ce que j'ai reçu.

Carmen De Pontbriand, maître Reiki

C'est avec joie que je viens partager ma vision d'un maître Reiki.

Pour moi, un maître est quelqu'un qui m'aide à grandir, à me prendre en main et à me donner le goût d'aller plus loin.

C'est un être beau, d'une grande bonté et d'une très belle générosité du cœur qui, de par son exemple, me dirige et m'éclaire pour servir à mon évolution spirituelle.

Pour ma part, je trouve qu'un maître a une très grande responsabilité morale face à lui-même et à ceux qui le choisissent. Car, à l'époque difficile où nous vivons, nous avons besoin de respecter nos institutions et nos leaders. Pour la plupart des êtres humains de ces temps modernes, le respect se mérite et n'est pas accordé sans raison, ce qui d'ailleurs est vrai pour chacun de nous. Tout respect bien ordonné commence par soi-même.

Un maître, c'est d'abord un modèle et c'est aussi un éducateur, un enseignant qui continue d'intégrer les leçons de vie; il guide ainsi les êtres humains qui désirent s'élever dans la dimension spirituelle qui leur est propre. Il doit être capable de diriger et d'éclairer ses adeptes sans qu'ils deviennent dépendants pour autant. Car aucune liberté n'apporte le bonheur si elle ne s'accompagne de la liberté d'esprit.

À mon humble avis, les maîtres ont une grande mission à accomplir sur cette terre. Ce sont des chefs qui sont au service de Dieu et de l'humanité. Ils pratiquent le don de soi. Ils ont une grande capacité d'écoute, de vérité, de respect et, par-dessus tout, d'amour, l'amour de soi, de ce que nous sommes et de ce que nous ne sommes pas; de ce que nous faisons et de ce que nous ne pouvons accomplir.

Avec amour et respect!

Murielle Gauthier,
maître Reiki et médium en transe consciente

Le 6 mai dernier, j'ai rendu visite à Murielle Gauthier et je lui ai posé la question suivante que vous connaissez très bien maintenant: Qu'est-ce qu'un maître Reiki et comment un maître Reiki a transformé sa vie? Voici donc son partage.

Dans les vibrations de l'énergie du Reiki, cette fréquence m'a été transmise par des maîtres ascensionnés du Tibet où dans d'autres temps j'avais moi-même été un maître Reiki et pratiqué d'autres formes de guérison énergétique. Au début de cette ouverture (dans ma vie présente), le fait d'être touchée par la maladie m'a aidée à ouvrir cette porte et à m'ouvrir à l'énergie du Reiki. J'ai débuté par les touchers thérapeutiques, puis mes maîtres enseignants m'ont demandé de me laisser toucher par mes guides. Enfin, je suis arrivée, grâce à la télévision, à découvrir un maître Reiki. J'étais tout emballée dans mon essence intérieure; je sentais mon cœur battre de mille feux.

Dans cette fréquence, dans cet instant, j'étais une personne très timide, mais la force de mon cœur me guida à suivre ce cours. Arrivée devant le maître, avec un groupe, je fus initiée au premier niveau. L'extraordinaire vibration du Reiki m'a aidée à m'auto-guérir. Par le biais de grands maîtres, le Reiki m'a donné des enseignements qui ne m'étaient pas accessibles. J'ai donc pu travailler non seulement sur des personnes dont les maladies étaient très particulières, mais aussi sur moi-même. J'ai eu la chance de travailler avec le docteur Lang.

Un cas particulier où j'ai pu participer avec le docteur Lang est celui d'une jeune personne qui fit une chute de 5000 mètres d'un avion. J'ai vu le docteur Lang refaire le corps astral de cette personne. Et, grâce à cet événement, j'ai pris contact avec Jésus le Christ. Dans mon cœur, je ne trouve pas les mots pour expliquer la force que le Reiki m'a apportée.

J'ai reçu l'initiation du deuxième niveau par Bouddha car, grâce aux autres enseignements que j'avais déjà reçus, j'étais clairvoyante. À la suite de ces initiations, j'ai rencontré des gens qui m'ont offert en cadeau l'initiation de maître.

Grâce à mes maîtres, j'ai élaboré par la suite une technique de transe consciente. Je me suis guérie du syndrome de fatigue chronique que j'avais choisi pour évoluer et transformer en moi cet amour du cœur. Jésus est souvent présent en moi.

Il y a dans l'immensité beaucoup de maîtres et chacun travaille avec sa parcelle de maître. Chaque personne a sa voie personnelle. Le Reiki est le plus beau cadeau que j'aie reçu: dans mes mains, je sens l'abondance de l'amour que je partage grâce à ces connaissances; Mme Takata et le maître Usui ont souvent touché mon énergie.

Durant une expérience grandiose, j'ai initié un ami ainsi que sa copine à Plungping, au Cambodge.

La veille de cette initiation, Bouddha, le maître de général de kung fu et un moine bouddhiste se sont manifestés près de moi; ils ont ouvert des portes incroyables à ma conscience, mais cela se manifeste toujours par la parcelle de l'amour de notre essence.

L'énergie Reiki nous permet aussi de travailler sur les mémoires des vies passées. Le Reiki n'a pas de limites, car lorsque nous parlons de traitements de Reiki à distance, nous pouvons l'envoyer en Europe où dans un autre pays. Nous pouvons travailler sur des animaux que nous voyons blessés. J'ai vu des oiseaux affectés dans mes mains reprendre la lumière du chemin. D'autres animaux très malades ont ouvert la porte à l'amour et dans leur cœur, l'énergie du Reiki a refait la fusion de la vie.

Mon âme est très émue de partager mon vécu; les émotions sont très fortes, car cela a ouvert la porte à de grandes connaissances. J'ai appris à aimer par le cœur et à travailler avec la force intérieure de toute cette énergie d'amour qui vient nous bénir, nous transformer à la santé, à la joie et à la conscience d'aimer sans condition. Elle nous permet de travailler comme un chevalier pour aider l'humanité. Par ce témoignage, je rends hommage à l'énergie du Reiki qui m'a sauvé la vie.

Manisha Whitlock, maître Reiki

Je suis devenue, maître Reiki parce que j'accorde une importance énorme à cette énergie. Lorsque, en octobre 1996, à Montréal, j'ai eu l'occasion de recevoir d'Élizabeth mon troisième niveau, je n'ai pas hésité. Lorsqu'au Salon de l'ésotérisme l'univers a placé côte à côte nos deux kiosques, il a du même coup créé entre nous un lien très spécial. J'avais découvert le Reiki pour la première fois en 1992 et les initiations des premier et deuxième niveaux m'ont apporté de grandes transformations.

Mon expérience de maître Reiki est à la fois humble et passionnante. Prendre conscience que les expériences de mes étudiants ne dépendent pas de moi mais sont causées par la magnifique force de vie du Reiki m'amène dans le chemin de l'humilité. Ainsi, j'ai découvert que l'ego et le Reiki ne font pas bon ménage.

Alors que je donnais une initiation, j'ai vécu une expérience qui m'a tout de suite mise sur la bonne route. Au cours d'une session d'initiation, j'ai eu tout à coup cette pensée et me suis dit que j'étais pas mal formidable. J'étais novice dans le fait de donner les initiations et ainsi, à un moment précis, je me suis trouvée réellement bonne! Juste après, je ne pouvais plus me souvenir d'aucun symbole, même le plus simple, celui que je n'oublie jamais depuis mon deuxième niveau. Je ne pouvais continuer l'initiation sans ce symbole, on aurait dit qu'il avait été balayé des tiroirs de ma mémoire.

Tout ceci a pris un instant et je me suis rendu compte que ce commentaire provenait de mon ego. Aussi, je me suis dit intérieurement: «J'écarte mon ego et je m'efface.» Immédiatement, je me suis souvenue du symbole. Une petite leçon pour me rappeler qu'un maître Reiki doit demeurer humble.

Donner les initiations en tant que maître Reiki suscite en moi beaucoup d'enthousiasme. Le Reiki est une technique de guérison si puissante et, en même temps, si douce. Il existe tellement de techniques énergétiques différentes dans le Nouvel Âge. Certaines sont populaires pendant un certain temps, pour disparaître alors que d'autres prennent la place, et le cycle continue.

Vivant sur la côte ouest, j'entends parler de toutes ces nouvelles méthodes, mais seul le Reiki a persisté avec force au cours des années. À l'hopital de Vancouver, c'est le Reiki qui est utilisé comme technique d'imposition des mains, et nulle autre technique.

Le Reiki nous permet aussi de faire un grand bond en avant sur notre chemin spirituel. Je considère qu'être maître Reiki est une expérience réelle de transformation, ce que mes étudiants me confirment encore et encore.

Pourquoi le fait d'être maître Reiki m'enthousiasme-t-il? Après chaque initiation que je donne, mes étudiants peuvent sentir le courant énergétique qui se dégage de leurs mains. Après le deuxième niveau, ils font l'expérience d'envoyer de la guérison à distance. Cette expérience est toujours magique. J'éprouve autant d'enthousiasme qu'eux; je suis toujours étonnée de la simplicité et du pouvoir du Reiki.

Dans son livre *Essential Reiki – A Complete Guide to an Ancient Healing Art*, Diane Stein explique qu'en tant que guérisseuse, elle prenait souvent la souffrance et les traumatismes de ses clients dans son propre corps, devenant ainsi malade et incapable de fonctionner pendant plusieurs jours. Avec le Reiki, Diane n'a plus jamais pris en dedans d'elle-même les souffrances ou les peines d'autrui. Elle est devenue maître Reiki en suivant l'intuition qu'il était important pour elle de participer activement à l'expansion et au partage de cet art de guérison extraordinaire.

96

Je reconnais de plus en plus l'influence positive incroyable du Reiki. Je suis remplie d'enthousiasme lorsque je me rends compte que j'aide à l'expansion de tout ce réseau si spécial du Reiki.

Après mon troisième niveau, je me souviens avoir pensé: «Je n'aurai jamais d'étudiants, il y a à Vancouver déjà tant de personnes qui ont leur niveau un et deux.» Et je me suis sentie très triste. Finalement, j'ai commencé à parler du Reiki, du fait que j'avais reçu mon niveau trois et que je pouvais ainsi initier les niveaux un et deux. Un mois après mon retour à Vancouver, après avoir reçu mon troisième niveau, j'avais mon premier étudiant!

Depuis janvier 1997, j'ai donné chaque semaine des classes de un à quatre étudiants. Puis, en mars 1997, je suis retournée à Montréal pour suivre mon niveau maître avec Élizabeth.

Même s'il y avait plusieurs maîtres Reiki à Vancouver, je me suis rendu compte qu'il y avait une seule Manisha Whitlock. Ceci est la beauté du Reiki, la perfection de sa transmission. Nous sommes tous uniques et attirons des personnes différentes. Lorsque nous devenons maître Reiki, nous attirons à nous des personnes qui n'auraient peut-être jamais suivi le Reiki avec quelqu'un d'autre. C'est ce que je trouve magique dans le Reiki: il n'y aura jamais trop de maîtres. Le Reiki est devenu partie intégrante de ma vie. De plus, il a transformé toute ma famille.

Il est très important pour moi de maintenir la simplicité et la pureté du Reiki. Même si je pratique, dans mon travail, différents genres d'ateliers de croissance, lorsque l'on vient me consulter pour le Reiki, c'est le Reiki que je donne. C'est le Reiki et non pas le travail sur l'enfant intérieur ou sur la thérapie par la couleur. Si une personne s'intéresse à une autre forme de thérapie, nous en discutons après les initiations.

Je me rappelle avoir reçu mes premier et deuxième niveaux avec une autre maître Reiki qui, en plus de se consacrer au Reiki utilisait d'autres techniques pour développer notre croissance personnelle. Avant l'initiation, elle nous a guidés dans des méditations pour aller à la source de notre soi et rencontrer l'enfant intérieur. Cela a provoqué en moi une confusion quant à la nature de l'initiation Reiki même si elle mentionnait ce qui faisait partie ou non de l'initiation. J'avais gardé l'impression qu'une initiation au Reiki était longue et laborieuse.

Grâce à l'enseignement que j'ai reçu d'Élizabeth, j'aime donner et honorer le Reiki dans une forme aussi pure et simple qu'il m'est permis de le transmettre.

J'ai aussi compris que je n'ai pas à suivre l'évolution de mes étudiants pour savoir s'ils utilisent le don qu'ils ont reçu. Évidemment, j'apprécie rester en contact avec eux sans leur imposer quoi que ce soit. Je sais très bien que même sans se servir du Reiki pendant un certain temps, l'initiation est suffisante pour leur apporter des bienfaits à court et à long terme et influencer leur développement personnel.

Après avoir reçu le Reiki deux, je me suis donné du Reiki pendant quelques mois, ce qui était merveilleux. Puis, je me suis laissé distraire par autre chose. Cependant, le Reiki travaillait encore en moi, me faisait grandir; les symboles venaient à moi et m'appelaient pendant mes méditations. Puis, quelques mois avant de rencontrer Élizabeth, je me suis de nouveau centrée sur la guérison utilisant le Reiki et les sons des bols de cristal. C'est ce désir de revenir à la guérison qui a provoqué ma rencontre avec Élizabeth.

Je sens que le Reiki s'est présenté dans ma vie juste au bon moment, et j'en suis très reconnaissante.

Le Reiki peut aussi venir compléter d'autres techniques de guérison ou travail énergétique. Un de mes étudiants pratiquant le Qi Gong s'est rendu compte que sa pratique était beaucoup plus puissante depuis qu'il avait reçu le Reiki. Il en est de même pour un autre étudiant qui avait pratiqué un art de guérison par le toucher; ses sessions sont devenues plus puissantes et les résultats plus rapides. Un autre étudiant se sert du Reiki pour ses chevaux de course, et ce, avec des résultats magnifiques. Souvent, les poumons des chevaux saignent après la course. C'est quelque chose d'affreux mais habituel; cet étudiant et la personne responsable de l'écurie ont découvert qu'en donnant du Reiki aux chevaux avant et après la course, les saignements disparaissaient. Ils apprécient cette découverte au plus haut point; c'est vraiment pour eux une découverte incroyable!

En mars 1997, j'ai donc pris l'avion pour Montréal pour aller recevoir mon niveau de maître avec Élizabeth. J'aurais pu le faire à Vancouver, pour diminuer mes dépenses, mais cela n'aurait pas été du tout la même chose. Je savais combien le lien entre le maître et le disciple est important et qu'en suivant mon cœur, l'initiation m'apporterait beaucoup plus.

Devenir maître Reiki est une démarche qui s'est faite sans effort de ma part comparativement à celles que j'entreprends. Ceci dépend sûrement du travail déjà accompli par rapport à ma croissance personnelle et à ma discipline de vie.

Lorsque je parle de discipline, je ne parle pas de règles rigides, mais plutôt d'une discipline nécessaire pour harmoniser sa vie. Par exemple, avoir un style de vie sain, se nourrir sainement, vivre dans un environnement sans alcool, sans nicotine, boire beaucoup d'eau, pratiquer des activités extérieures, avoir du plaisir, jouir de la vie et de toute sa splendeur. Prendre la responsabilité totale de la réalité que je crée. Programmer la méditation et la pratique du Reiki intégrée comme partie essentielle de ma vie.

Après avoir donné une initiation au deuxième niveau, j'ai fait l'expérience suivante. En tant que praticienne de Reiki, nous devenons des canaux facilitant la guérison; en tant que maître Reiki, nous devenons des canaux facilitant l'initiation. Habituellement, après une classe de Reiki, je me sens aussi heureuse que mes étudiants. Tout est parfait!

Mais tout fut différent avec Anne. Celle-ci avait reçu son premier niveau le samedi et avait vécu une très belle expérience : beaucoup d'énergie et de chaleur se dégageaient de ses mains lorsqu'elle les posait sur son corps. Je m'étais alors souvenue qu'au niveau un, je ne faisais cette expérience que lorsque je touchais les autres. J'étais donc heureuse pour elle.

Le lendemain, j'étais seule avec Anne pour son deuxième niveau. Après l'initiation, je lui demandai si elle voulait partager ce qui s'était passé pour elle. Elle répondit: «Je ne veux pas entrer là-dedans.» Finalement, Anne exprima combien elle fut troublée de ne pouvoir se rappeler les symboles au moment de se donner du Reiki. Elle était confuse au niveau des positions des mains et d'harmonisation. Comme elle avait reçu dans ses fiches toutes les positions, je lui demandai si elle avait placé ses mains sur son corps. Elle répondit non, car elle croyait devoir faire auparavant les autres positions des mains. Puis, elle continua en disant qu'elle ne voulait pas vraiment venir aujourd'hui, mais qu'elle le faisait pour respecter son engagement. Elle se mit alors à raconter sa vie passée et combien elle était auparavant recherchée pour ses conseils en affaires. Combien les amies de son mari désiraient toujours avoir son opinion sur leurs affaires à négocier, etc. Mais depuis que son mari était mort, il y a de cela huit ou neuf ans, elle n'avait plus d'amis; tout se passait comme si elle était invisible en ce monde et personne ne faisait attention à elle à moins de voir en elle un client potentiel. Cette femme très intelligente possédant toutes les ressources financières nécessaires se sentait alors impuissante et très seule.

Il était facile de voir qu'Anne ne savait pas recevoir, au point de ne pas pouvoir poser ses mains sur elle-même et profiter de la force de vie magnifique du Reiki. Le Reiki nous ouvre à l'amour inconditionnel, ce qui pour Anne fit surgir une peur immense. Si se donner du Reiki équivaut à ressentir l'amour et à apprendre à s'aimer, elle n'était pas prête à accepter ce cadeau. Anne avait l'impression que le Reiki avait amplifié la solitude qu'elle ressentait déjà; c'est ce qui arrive parfois pour aider la personne à y faire face et à guérir ce blocage pour enfin s'en libérer. Anne n'était pas prête à avancer. J'ai donc retenu de cette expérience que le maître

Reiki doit toujours rester détaché des résultats qui ne lui appartiennent pas.

Je suis très heureuse d'être maître Reiki, car le Reiki est et continue d'être une partie intégrante de mon processus de croissance et aussi de ma contribution à la planète. Le Reiki m'a apporté beaucoup en faisant disparaître ces murs à l'intérieur de moi qui limitaient l'expression de ma vie. Et je considère que c'est un grand honneur de transmettre le cadeau si précieux du Reiki.

Je tiens à exprimer toute ma reconnaissance à Élizabeth, pour son amour et son soutien en tout instant. Nous vivons chacune à un bout du pays, mais avec le Reiki, cela n'a pas d'importance. Le Reiki dissout ce qui peut sembler des barrières.

Enfin, je remercie le Dr Usui de nous avoir apporté cette magnifique pratique du Reiki et ses idéaux qui nous rappellent des valeurs que nous oublions parfois.

Avec beaucoup d'amour, de lumière et de joie.

« Élévation vers l'Ascension »

Oeuvre de Louise Dufort
(collection Cécile Marinelli)

Message reçu en channeling de Mère des Cieux

Les vibrations que représente cette toile «Élévation vers l'Ascension» apportent aux gens qui la regardent une stimulation au chakra du cœur. De petites particules d'amour se répandront dans leurs cellules, éveillant en eux une joie intense. C'est un tableau de grande force.

Certaines personnes y verront des colombes, d'autres pourront y observer des êtres de couleur rose et blanche. Les descriptions peuvent être faites de façons différentes, selon le regard de chacun, mais la symbolique demeure la même: «Élévation vers l'Ascension».

Tous vos frères et sœurs qui sont reliés à mon énergie, dans une grande harmonie, s'élèvent pour cette merveilleuse libération planétaire. Ils ascensionnent tous ensemble. Remarquez qu'une forte énergie se dégage du regard violet, les propulsant davantage vers leur montée, vers leur communion avec la source.

«Cela nous fait chaud au cœur, comme vous dites dans votre langage. Nous sommes très heureux de servir de canaux pour vous aider à vivre cette importante fusion, cette grande apothéose.»

Lorsque les êtres montent dans la spirale qui entoure la figure de Mère des Cieux, ils tournent pendant un certain temps. Vos frères et sœurs passent à un tout autre taux vibratoire. Puis, un changement moléculaire survient. Tout se place comme il se doit. Leurs molécules sont complètement décodifiées des anciens schèmes retenus depuis la nuit des temps. Il se produit des explosions moléculaires. Tout se transforme en lumière. Ceci est leur dernière étape avant d'être unifiés.

Alors, ils sont poussés de l'avant tous ensemble, sortant par les petites pointes qui entourent l'aura d'or. Propulsés dans cette aura, ils communient avec la source pour ne faire qu'un. Une conscience survient, la conscience de l'éternel, la fusion. Tous les êtres sont ainsi délivrés des préjudices de la matière, des indiscrétions humaines. Ils sont libérés des fardeaux, des douleurs.

Enfin, vivant dans la lumière christique, toujours reliés à la source, ils continuent leur évolution. Vous les voyez circuler dans l'espace en de petits points de lumière or et violets devenus lumières christiques, très pures. Ils se déplacent comme bon leur semble et ils ont le loisir de créer à leur guise en prenant un corps énergétique, ou autrement, car ils peuvent tout faire à leur gré, étant libérés des torpeurs lourdes de la matière les retenant dans la noirceur.

Maintenant, vos frères et sœurs sont dans la joie, dans la liberté, dans la lumière éternelle. Ils circulent d'un espace à un autre sans difficulté. Ils sont libres, mon enfant! Comprenez-vous bien? Ils sont libres. Et vous aussi vous êtes libre, car vous faites partie d'eux.

Paix, paix, paix en vos cœurs.

Louise Dufort

Message pour Cécile Marinelli de Mère des Cieux

Lorsque cette dame de lumière, Cécile, entrera en méditation devant ce tableau, elle sentira une explosion dans son cœur. Une puissante vague d'amour la fera vibrer. Union il y aura avec mon regard et cela la touchera au plus profond de son être. Cette communion que nous aurons fera éclater en elle des mémoires anciennes qui la gardaient prisonnière de certaines peurs, de certains schémas qui l'empêchaient d'avancer plus intensément vers la lumière. Ce contact produira des explosions moléculaires qui la libéreront. Mais nous disons que ce travail se fera petit à petit; il n'y aura pas une explosion instantanée. Qu'elle regarde cette toile et médite sur ce regard violet, elle recevra une abondance d'amour au chakra du cœur. Elle comprendra de nouvelles choses. Nous viendrons l'éclairer de l'intérieur. Un grand bonheur et une immense joie la pénétreront, et une paix s'établira. Tout ce qu'elle vivra sera partagé avec tous les êtres de la Terre, car vous êtes unis, interreliés. Ne l'oubliez point, mes enfants.

Cette belle âme, Cécile, ira chercher une nourriture christique qui nourrira tous ses frères et toutes ses sœurs en simultanéité. La Terre entière s'en réjouira.

Une évolution peu commune se produira en son âme. Il y aura une explosion d'amour. Des vibrations très intenses l'animeront et se répandront dans chaque particule de son corps, la transformant sur tous les plans. Cette âme, Cécile, nous le redisons, émettra des vibrations aux autres humains de la Terre grâce à la représentation de cette toile. Une grande allégresse naîtra.

Nous sommes confiants du résultat qui se manifestera chez cette âme, Cécile, et chez vous tous, mes enfants d'amour. Nous la bénissons. Nous la protégeons. Nous l'aimons. Nous la soutenons.

Paix, paix, paix en son cœur.

Message de la Mère des Cieux reçu par le canal de Louise Dufort, maître Reiki

Reiki: le plus beau cadeau du monde!

Avant de vous informer des bien-faits du Reiki, j'aimerais d'abord partager avec vous comment j'y suis parvenue. J'ai vécu une confrontation au niveau de la pensée. J'avais des indécisions à l'égard de cette énergie du Reiki. Je ressentais beaucoup d'impatience, car les gens m'en parlaient sans cesse. J'étais bombardée d'informations 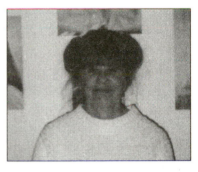 de part et d'autre, et cela m'impatientait. Je ne voulais plus rien entendre sur le sujet.

Puis, en mai 1993, je suis tombée malade. J'ai été réveillée par des maux de tête si intenses que la douleur me fendait le crâne. Cela m'empêchait de vivre, c'était infernal et impossible à décrire avec des mots humains. J'ai compris que tous ces maux avaient été provoqués afin de permettre à mon mental de se dé-structurer des formes-pensées enregistrées dans mes cellules. Ces formes-pensées devaient être libérées pour que je puisse conti-nuer mon cheminement spirituel.

Mère des Cieux et mes amis de la lumière ont agi de la sorte pour me faire comprendre l'abandon de la pensée et des peurs. Cette douleur a duré pendant trois jours et trois nuits consécutifs. En plus, j'avais une soif impossible à étancher, comme si j'avais traversé le désert du Sahara aller-retour.

J'ai été inactive pendant six mois. Même lorsque je pensais ou lisais, c'était insupportable. *Je devais vivre l'abandon. Il ne me restait rien d'autre à faire que de m'abandonner.*

C'est grâce à cette douleur, qui fut d'ailleurs très enrichissante, que Mère des Cieux et mes amis de la lumière ont semé en moi la pensée de l'énergie du Reiki. Il s'ensuivit une ouverture d'esprit qui me permit de comprendre d'une façon plus calme et sans jugement. Cette semence a germé tout au long de ma convalescence. De plus en plus, je m'intéressais au Reiki. J'ai finalement accepté de suivre les initiations au Reiki.

Ces initiations furent pour moi une révélation inestimable. Elles m'ont apporté une grande maturité, une expansion de la conscience. Mon être s'est apaisé, le calme s'est installé dans mes émotions et je me suis rendu compte que j'avais un talent pour m'exprimer. Ce fut la plus belle des découvertes! *J'ai compris dès cet instant que je m'étais offert le plus beau cadeau du monde.* Je le répète, les initiations au Reiki ont créé chez moi une ouverture de la conscience peu commune. Je l'ai expérimenté sur moi-même et sur les autres. Tout, pour moi, est devenu Reiki. Jour après jour, dans ma nourriture, dans mes gestes, dans mes pensées, partout, dans l'autobus, le métro, je visualise les symboles du Reiki en les projetant dans l'univers afin qu'ils retombent à l'infini dans le cœur de ceux et de celles qui en ont besoin. Le soir avant de m'endormir, je demande aux trois grands maîtres de Reiki, le Dʳ Usui, le Dʳ Chijiro Hayashi et à Mᵐᵉ Takata, de bien vouloir m'aider durant mon sommeil à éliminer les énergies qui nuiraient à mon évolution spirituelle.

Puis vint le moment de recevoir mon niveau maître. Quel bonheur d'avoir terminé ce quatrième niveau qui vient boucler comme les maillons d'une chaîne! Si j'étais passée à côté du Reiki, j'aurais eu l'impression qu'il me manquait quelque chose de très précieux dans ma vie.

En effet, lors de cette initiation de maître, il s'est produit une formidable ouverture au niveau du chakra du cœur. Je me suis sentie légère, joyeuse, une explosion d'amour est survenue qui a envahi toute mon âme. Par la suite, le Reiki produira en moi encore et encore d'autres changements puissants, me permettant d'aider mes frères et sœurs. Je rends grâce au Reiki qui m'a donné beaucoup plus d'amour et de confiance en moi, et m'a permis l'abandon.

Le Reiki est une énergie sacrée qui se doit d'être partagée; il y aurait avantage que cette énergie soit plus connue, propagée, divulguée par des écrits pour expliquer sa valeur réelle, afin que les gens comprennent que l'énergie du Reiki ne représente aucun danger. Cette énergie est divine, ne l'oublions pas. Elle vient directement de la source. Elle contient l'amour inconditionnel.

Certains écrits, par exemple ce livre, viendront apprivoiser les craintes que des personnes expérimentent et celles-ci se rendront compte de toute la richesse du sens réel de cette grande source sacrée qu'est le Reiki. Une ouverture des plus bénéfiques se produira et elles comprendront toute sa sagesse!

En terminant, je le répète, l'énergie du Reiki est grandiose puisqu'elle est: *Amour, Amour, Amour!*

Se reposer dans l'infinie quiétude où tout se fond.

Témoignages d'élèves de Reiki

Qu'est-ce qu'un maître Reiki?

Lorsqu'on m'a posé cette question, ce ne sont pas des mots qui me sont venus à l'esprit, mais une image: celle d'une main, immense, affectueuse et sécurisante qui guidait mes pas, une main qui m'aidait à me lever sur mes jambes, qui, par sa douceur et son respect, me permettait de marcher par moi-même. Malgré les premières hésitations et les faux pas, je la sentais là, constamment, toujours prête à m'éviter une chute, toujours disposée à m'appuyer et à me soutenir.

Enfin, la paix!

Lorsque l'on sait marcher, on se déplace sans toujours penser à la main qui, maternellement, nous a aidé... Pourtant, cette main est toujours là. Ce n'est pas un souvenir, c'est une présence chaleureuse et discrète qui demeure toujours en nous. Lorsqu'un nuage obscurcit le soleil, lorsque le ciel est moins lumineux, il suffit de penser à cette main bien-aimée pour se sentir aussitôt réconforté et soutenu. Combien précieuse est cette présence!

La découverte du Reiki a été pour moi une expérience inoubliable, un des beaux moments de ma vie. Je sentais qu'un monde merveilleux s'ouvrait à moi, plein de possibilités et d'amour, mais je savais surtout que quelque part, cet univers avait toujours été là, au fond de moi. Connaissance nouvelle ou redécouverte, j'avais l'impression d'être un oiseau qui prenait son premier envol, mais qui avait toujours su, quelque part au plus profond de lui, qu'un jour il volerait.

Dans un monde parfois gris et dur, quelle belle mission que d'ouvrir une porte vers un univers rempli de soleil et de lumière, brillant des couleurs vives de l'amour et de la joie! Comme le soleil qui, à l'aurore, illumine la nature et l'inonde de lueurs roses et dorées, le maître Reiki éclaire notre âme; mais plus encore, il donne un relief nouveau à ce qui nous entoure.

On nous répète constamment qu'on est ici pour apprendre l'amour, pour apprendre à aimer, et c'est certes la plus belle leçon que puisse nous donner la vie. Pour moi, le Reiki est plus qu'une source d'énergie, c'est un canal qui nous relie constamment à l'amour universel, qui nous permet non seulement de le recevoir, mais aussi de le distribuer, de le répandre autour de nous. Mon initiation a été pour moi le début d'une ouverture vers l'extérieur, vers le monde qui m'entoure, vers de nouvelles expériences... Mais surtout, cela a été pour moi une révélation inattendue: la joie naît de la joie. On donne tellement plus facilement ce que l'on a! N'avais-je pas oublié l'essentiel? On est ici pour apprendre à aimer, mais aussi pour apprendre à être aimé, pour apprendre à donner mais aussi pour recevoir.

La générosité de mon maître Reiki ne m'a pas vraiment surprise. Je la savais là, disponible... Or, un jour, en difficulté, j'ai fait appel à elle; j'avais besoin de force. J'ai reçu la force, mais aussi la lumière. Malgré mon désarroi, je me sentais tellement enrobée de tendresse, de douceur, je me sentais bercée par des centaines d'anges. Pendant les jours qui suivirent, je voyais partout de la poussière d'or, qui me rappelait que l'on veillait constamment sur moi. Jour après jour, cela se répéta et se répète depuis, et tout comme alors, cela me remplit de joie, m'illumine. C'est ainsi que j'ai appris à recevoir, et je reçois beaucoup... et j'apprécie beaucoup.

Qu'est-ce qu'un maître Reiki? C'est l'océan qui nous berce, un océan d'amour et d'affection. C'est le vent qui nous rafraîchit, un vent de joie et de bonheur. C'est le soleil qui nous éclaire, débordant d'ardeur et de vie. Ce sont les étoiles scintillant dans la nuit, qui permettent de rêver, d'espérer. Ce sont les fleurs qui embaument de leur parfum, les papillons qui dansent, aériens. C'est un sourire qui transforme un visage, c'est une main qui se tend. C'est l'amour.

Marie Hélène Meunier, B.sp. E.L.

Un cadeau du ciel... Josée, praticienne de Reiki

Un maître Reiki, c'est quelqu'un qui s'abandonne à la source et qui accepte de simplement servir d'outil à notre propre évolution spirituelle. C'est un fil conducteur entre la source et nous-même. C'est aussi un ange dans son genre qui est là pour nous aider à découvrir notre merveilleuse divinité.

Avec chaque initiation, il nous apprend un peu plus à ne faire qu'un avec la lumière. À travers ces moments privilégiés, nous partageons ensemble une même vision de paix et d'amour, et un sentiment de plénitude, de sérénité nous remplit.

De cette belle lumière mon maître Reiki en est plein, et c'est toujours avec grande joie que je vais à sa rencontre; l'amour qui se dégage de sa personne m'émeut chaque fois. Et cette paix

Le paradis sur terre

presque palpable qui m'inonde quand je suis à ses côtés est un vrai baume pour l'âme.

À travers lui, je me suis découverte; avec lui, j'avance pas à pas sur la route de ma propre évolution; à côté de lui, j'apprends avec ses enseignements qu'il est possible d'être habité d'un amour inconditionnel pour les gens qui nous entourent. Ma vie est beaucoup plus sereine et épanouie depuis que nos routes se sont croisées. L'espèce de tristesse, de vague à l'âme que je transportais sur mes épaules a complètement disparu.

Je pratique le Reiki presque tous les jours pour mon plus grand bonheur et celui de ma famille. Ma vie ne sera plus jamais la même, et je dis merci à mon maître Reiki!

Lyette Bastien, praticienne de Reiki

J'ai découvert le Reiki à la suite d'une longue période de démarche spirituelle, lorsqu'une brochure d'Élizabeth m'est tombée par hasard sous les yeux. En voyant le mot REIKI, j'ai su que c'était pour moi, peu importe ce que ce mot voulait dire. Depuis plusieurs années, j'avais amassé un bagage de connaissances ésotériques et d'expériences spirituelles et je ne savais pas comment les utiliser concrètement pour mon bien-être et celui des autres. J'ai donc décidé de prendre le premier niveau de Reiki, car mon intuition m'y avait guidée.

Lors de la première initiation, j'ai constaté que j'avais une grande résistance vis-à-vis de certains gestes rituels. Un événement étrange s'est alors produit. Lors du rituel, j'ai bien ressenti la présence et le toucher du maître Reiki deux fois, alors que pour les autres elle ne le fit qu'une fois. Je me demandais pourquoi. Avait-elle recommencé à cause de ma résistance? Après l'initiation, j'ai demandé à Élizabeth la raison pour laquelle elle avait recommencé une deuxième fois le rituel pour moi. Elle affirma ne l'avoir fait qu'une fois. Qui m'a donc touchée la deuxième fois? Encore aujourd'hui, je me demande qui était là à m'initier avec mon maître Reiki. Après les initiations, nous avons pratiqué un traitement de groupe. La familiarité de cette scène m'a surprise. Décidément, le Reiki ne m'était pas étranger. Je trouvais cette pratique tout à fait naturelle, comme si je l'avais déjà utilisée dans une vie antérieure.

Plusieurs choses m'ont profondément touchée, qu'il m'est impossible de décrire en raison de leur nature trop subtile pour être enregistrée correctement par le cerveau.

Ce qui s'est déroulé appartient plutôt à la nature de l'âme. Je savais et ressentais que quelque chose de profond s'était produit à l'intérieur de mon être. Je ressentais un doux chavirement, comme si mes pôles se renversaient. C'est avec une grande paix intérieure et des points d'interrogation pleins les yeux que je suis rentrée chez moi, à la fois émerveillée et confuse. J'avais même perdu le goût de prendre un verre de vin, chose que j'avais l'habitude de faire tous les jours. Il s'était passé quelque chose, mais quoi au juste? Je me disais que si ma voie était dorénavant la guérison, la vie m'enverrait les personnes qui en bénéficieraient. Le jour suivant, ma mère me téléphonait pour me demander de la guérir.

Mon premier traitement fut donc donné à ma mère qui souffrait d'une douleur atroce au dos. Le résultat immédiat fut une plus grande détente. Cette nuit-là, elle dormit pour la première fois depuis des jours. Au deuxième traitement, elle ne vit aucune amélioration de son état physique. Trop concentrée dans sa douleur, elle ne pouvait ressentir aucune autre sensation. Elle s'entêtait à me dire qu'elle n'avait pas dormi pendant le traitement. «Alors, lui avais-je répondu, pourquoi ronflais-tu?»

Le premier niveau de Reiki s'était déroulé un samedi; le lundi suivant, ma voie devint claire. Pour moi, le Reiki est une manière de servir concrètement la conscience divine dans cette période de ma vie. Et ceci fut confirmé par un événement spécial qui est survenu le vendredi suivant, lorsque j'allai au restaurant accompagnée d'une amie de cheminement spirituel (qui avait également suivi le premier niveau de Reiki avec moi). Après le dîner, nous avions planifié d'aller nous asseoir dans un parc situé non loin afin de profiter du beau temps. Mais nous étions si concentrées dans notre conversation que nous avions oublié de partir. Soudain, assis plus loin derrière mon amie, un homme se mit à parler assez fort et de façon incohérente. Tout bonnement et sur un ton amusé, j'ai passé le commentaire à ma compagne que cet homme aurait besoin d'un traitement. Quelques secondes plus tard, une femme appelait à l'aide. L'homme gisait sur la banquette du restaurant, en pleine crise soit d'épilepsie, soit de diabète, ou autre. Ma compagne et moi sommes accourues spontanément vers le pauvre homme. Ma compagne a appliqué ses mains sur son plexus solaire et moi j'ai pris sa tête dans mes mains et l'ai soulevée légèrement. Au bout de quelques secondes, il revint lentement à lui. Finalement, lorsqu'il se rassit pour reprendre ses sens, je savais que notre travail était terminé. Ma compagne et moi sommes alors parties. Sur le chemin du retour, j'ai dit à ma compagne qu'on ferait mieux de s'habituer à cela, car il y aurait sans doute d'autres situations de ce genre sur notre route maintenant.

Vingt et un jours plus tard, je suis retournée chez Élizabeth pour suivre le deuxième niveau de Reiki. Lors du premier niveau, je m'étais sentie sur le seuil et lors des initiations du deuxième niveau, je me suis sentie «dedans». Lors des initiations, alors que je me sentais totalement entrée dans ce «je ne sais quoi», un sentiment de peur m'a effleurée à la vitesse d'un éclair, mais que j'ai oublié aussitôt. Après la période d'initiation, j'ai ressenti un brassage intérieur, suivi d'une grande lassitude physique et mentale. Puis, une curieuse appréhension est survenue lorsqu'on m'a remis les symboles sacrés. Pourtant, lors des initiations, j'ai bien senti la présence d'êtres de lumière autour de moi et j'ai perçu la présence de mon maître spirituel qui se penchait afin de passer ses mains sur les miennes. Mon âme était bien dans cette ambiance de lumière, mais une partie de moi a eu peur.

Cette appréhension me poursuivit les jours suivants. Étant donné que j'avais déjà découvert la nature de mon âme dans mes méditations, je savais que je pouvais surmonter ce conflit intérieur. Le deuxième niveau m'a remise en contact avec une puissance bien trop familière. Mais pourquoi suis-je angoissée? Ai-je mal utilisé ces puissants outils autrefois? Néanmoins, je suis bien décidée à m'en servir, car cette fois, j'ai la sagesse de mon âme pour me guider.

Depuis que j'utilise tous les jours le Reiki sur moi-même, je suis plus centrée et, dès que quelque chose perturbe l'harmonie en moi ou autour de moi, je réagis immédiatement.

Le Reiki m'aide à être bien dans ma peau. Je me suis aperçue cependant que les traitements que j'administre aux autres sont beaucoup plus forts que ceux que je m'administre à moi-même. Je suis heureuse d'avoir enfin un outil concret pour venir en aide aux autres.

Kristine Marchitello, praticienne de Reiki

Le Reiki m'attendait patiemment dans un cheminement vers la lumière que j'avais entrepris quelques années auparavant à la suite d'une série de circonstances plus ou moins étranges qui ont bouleversé ma vie de façon radicale. À cette époque, j'avais été forcée de remettre en question pratiquement tout ce que j'avais appris de mon expérience de vie. Je devais entamer un sérieux ménage dans les schémas négatifs qui remontaient un à un à la surface. Et, puisque la chenille se transformait plus ou moins péniblement en papillon, mon entourage se modifiait également pour refléter ce que je devenais.

Accompagnée d'une amie de cheminement, je suis arrivée chez Élizabeth au bout de trois ans d'évolution spirituelle intense que j'avais ressentie plutôt comme un baptême de feu. Alors que j'en étais finalement arrivée à un mieux-être et à une meilleure estime de moi, ma paix intérieure était encore un peu précaire. De plus, même si je pouvais maintenant souffler un peu après

Nous aurons toujours des ponts à franchir.

toute l'émotion de ce qui avait ressemblé à des montagnes russes, je me sentais en même temps plafonnée, bloquée dans mes efforts d'aller plus loin dans ce cheminement qui m'avait semblé sans limites. Si toutes les connaissance ésotériques et mes expériences spirituelles m'avaient beaucoup enseigné, j'en cherchais maintenant les applications pratiques. Je trouvais particulièrement frustrant de ne pas savoir comment en faire profiter les autres à plus grande échelle pour les aider à vivre plus positivement et en harmonie avec eux-mêmes. Sachant que chacun évolue à travers un cheminement qui lui est propre, je constatais qu'il y a autant de chemins vers la lumière qu'il y a d'individus. Alors, comment aider ?

J'écoutais Élizabeth expliquer le Reiki et ses effets, et je dois admettre que mon scepticisme a relevé sa vilaine tête même s'il avait dû courber l'échine maintes fois auparavant devant le nombre de preuves concrètes que la logique ne pouvait expliquer rationnellement.

Comment se pouvait-il que le Reiki soit à la fois aussi simple, aussi puissant et aussi efficace ? Est-ce qu'une telle méthode ne demandait pas des années d'entraînement ? Par ailleurs, j'avais de la difficulté à croire que quatre petites initiations puissent avoir le même effet que les trois années de transformations parfois douloureuses que je venais de passer. Si j'avais su !

En fait, les principes d'énergie, de lumière et d'abandon qu'Élizabeth expliquait n'étaient pour moi qu'une révision de ce que mon cheminement spirituel m'avait appris. Le contexte et l'atmosphère m'étaient déjà très familiers. Il faut dire qu'arrivée au Reiki, mes résistances au changement étaient tombées et mon ego s'était déjà résigné à laisser l'âme transparaître. Je me sentais en terrain connu, comme un poisson dans l'eau. J'ai donc gardé l'esprit ouvert, surtout curieuse de voir où ça m'amènerait.

Durant la première initiation, j'ai revécu des épisodes d'une vie au temps de ce qui est maintenant appelé l'Atlantide alors que j'étais apprentie prêtresse au Temple de la guérison et où j'apprenais toutes les façons de manipuler l'énergie afin d'aider et soigner les gens. Ces visions m'étaient familières – je les avais déjà revécues lors de régressions –, mais j'y avais porté très peu d'attention puisque cette incarnation ne semblait pas avoir de relation avec celle-ci. Pourquoi alors ces visions me revenaient-elles maintenant? Peut-être était-ce le contexte? Mais alors, pourquoi avais-je reconnu l'énergie du Reiki comme étant exactement la même que celle que cette jeune prêtresse manipulait et canalisait durant cette incarnation lointaine?

Durant la deuxième initiation, une série d'images défila devant mon troisième œil, mais elles allaient beaucoup trop vite et je ne pus en retenir aucune consciemment.

La quatrième initiation terminée, sentant l'énergie circuler doucement en moi, j'avais la nette impression de vibrer à l'unisson d'un grand tout. J'avais beau chercher ce qui se passait en moi, mes impressions étaient beaucoup trop subtiles pour s'exprimer en mots. Je reconnaissais une sensation de «grignotement» intérieur au niveau du cœur qui m'avertissait toujours que quelque chose était en train de changer en moi. Je me demandai quelle nouvelle étape je venais de franchir.

Élizabeth nous a ensuite enseigné la méthode de l'autotraitement et celle du traitement à une autre personne. Est-ce que j'étais vraiment surprise de constater à quel point tout ça m'était familier? Pas vraiment, surtout après avoir revu les scènes de cette vie antérieure. Y avait-il un lien après tout? Je sentais que oui, mais j'étais, à ce moment, incapable d'expliquer pourquoi.

Comme mon amie et moi n'avions pas vraiment eu l'occasion d'échanger nos impressions durant la journée, nous avons profité de la soirée pour constater que nous avions presque les mêmes impressions et que nos réactions aux initiations étaient similaires. Si elle pressentait avoir trouvé sa voie, je ne pouvais pas l'affirmer aussi catégoriquement, mais je comprenais intuitivement que je venais d'acquérir le moyen d'aider ceux qui le voudraient vraiment. Je dois admettre qu'avec le temps, je commençais à trouver agaçant de perdre du temps à essayer d'aider des gens qui posaient beaucoup de questions par simple curiosité, mais qui n'avaient aucune intention de changer quoi que ce soit pour remédier à leurs malaises.

Personnellement, j'étais très curieuse de voir comment les effets du Reiki se manifesteraient.

Comme j'avais déjà fait pas mal de ménage dans les blocages et les schémas négatifs par l'acupuncture et un travail intérieur assidu et profond, je ne m'attendais pas à de grandes révélations. Par ailleurs, j'appréhendais une autre course folle en montagnes russes émotives et ça me faisait un peu peur. Qu'est-ce qu'on ne ferait pas pour s'améliorer?

Le lendemain matin, j'ai eu dès mon réveil l'impression très nette que je poursuivais, par le Reiki, quelque chose de déjà entrepris. Une vision particulièrement claire de cette vie en Atlantide commençait à me hanter. Je savais de cette régression qu'à la suite d'un concours de circonstances, Élitra (c'était mon nom à cette époque) était devenue prêtresse, mais les événements l'avaient amenée dans une direction très différente de ce qu'elle avait prévu. Elle avait toutefois passé la dernière partie de sa vie à aider et à soigner les gens par l'énergie de l'un (la source), et plus particulièrement par l'imposition des mains. Je savais également par d'autres régressions que l'incarnation d'Élitra n'était pas la seule où j'avais manipulé cette énergie. Je me rappelais soudain tous ceux qui m'avaient affirmé que j'avais beaucoup d'énergie dans les mains et que je devrais me diriger vers les techniques de guérison par l'énergie. C'est bien beau d'avoir des outils comme ça, mais encore faut-il savoir s'en servir! Les guides de l'utilisateur ne sont pas courants pour ce domaine. Le Reiki, par contre, est un instrument de taille. Était-ce possible que le cercle se referme aujourd'hui? Il semble que l'âme recherche aussi ce qu'elle connaît déjà.

Durant les jours suivants, je me suis observée sans noter de changement important. Bien sûr, je ressentais une grande paix intérieure qui m'aidait à rester calme et sereine même dans les situations tendues.

Mon mental habituellement agité était maintenant au neutre et ne remettait pas tout en question comme avant. J'avais plus de facilité à exprimer autant mes idées que ce que je ressentais, et je sentais que beaucoup de barrières étaient tombées. J'allais plus facilement vers les autres et ma spontanéité me surprenait. J'ai commencé à me souvenir de plusieurs rêves alors qu'avant, ça m'arrivait seulement à l'occasion. Je dormais beaucoup plus profondément; je me sentais reposée et rafraîchie au réveil. À part ça, rien d'extraordinaire... Jusqu'au jour, près d'une semaine après les initiations, où mon amie et moi nous sommes retrouvées en situation d'urgence en plein restaurant.

Nous avions convenu de manger rapidement et de sortir ensuite pour profiter du beau temps. Le temps passait, nous avions terminé le repas et nous étions encore au restaurant lorsqu'un homme assis à une autre table eut un malaise. Ma copine remarqua en riant qu'il pourrait probablement bénéficier d'un traitement de Reiki. Quelques secondes plus tard, j'ai senti la tension monter autour de moi. Me retournant, j'ai vu cet homme allongé sur la banquette, en proie à une crise quelconque, probablement d'épilepsie. Une employée du restaurant était accourue à son secours, mais lorsque la crise devint plus forte, la jeune fille chercha parmi les nombreux clients une âme charitable pour l'assister. Je bondis comme une balle, ma copine derrière moi.

L'homme était clairement en état de crise violente, ne réagissant à rien; il risquait de tomber entre le banc et les tables fixes. Ce que j'avais appris pour cette sorte de situation ne s'appliquait pas dans les circonstances et j'étais déconcertée. J'avais plus peur de faire une gaffe que de lui faire du bien. C'est alors que j'ai senti comme une sorte de déclic à l'intérieur de moi.

Je recevais soudainement un tas d'impressions et je me suis mise à les exprimer à haute voix. Je sentais que cet homme était en train de s'étouffer. Il fallait lui remonter la tête pour faciliter sa respiration. Mon amie lui souleva doucement la tête, mais la crise continuait. Impulsivement, j'ai demandé à l'énergie de faire quelque chose et j'ai posé les mains sur le plexus solaire de l'homme, confiante que ça le calmerait. Tout allait très vite en moi. Je sentais l'énergie couler en moi et j'ai soudainement constaté que je fonctionnais complètement par intuition, par instinct, alors que c'était la première fois que je vivais une telle expérience. Pourtant, c'était si familier! Quelques secondes s'étaient écoulées. La crise diminuait. Je vis que l'homme commençait à respirer plus régulièrement. Puis, il ouvrit les yeux. Après qu'il fut lentement revenu à lui, j'offris à l'employée de rester encore un peu, mais elle m'informa qu'une équipe médicale était en chemin. L'homme était confus, mais je sentais qu'il n'avait plus besoin d'aide. Mon amie et moi sommes parties quelques minutes plus tard.

Dehors, je me rendis soudain compte de ce qui venait de se passer et j'en étais ébranlée. Premièrement, j'avais plutôt l'habitude de réagir comme les clients du restaurant qui n'avaient pas bougé et qui observaient la situation. Alors, pourquoi avais-je bondi comme une balle sans me poser de questions? Deuxièmement, j'avais clairement observé que quelque chose en moi avait pris le contrôle et semblait savoir exactement ce qu'il y avait à faire alors que, rationnellement, je n'en avais aucune idée. J'agissais par pure impulsion. Troisièmement, je m'étais adressée à l'énergie sans hésiter alors qu'avant, ça aurait été simplement l'une des options. Enfin, je m'étais entièrement remise à l'énergie du Reiki sans poser de questions et sans essayer de la contrôler.

Je n'en avais pas de preuve concrète, mais je savais intérieurement que mon amie et moi avions aidé cet homme d'une façon ou d'une autre et ça, j'en étais vraiment contente. Quand ma copine remarqua qu'au moment où cet homme avait eu un malaise, nous étions encore au restaurant alors que nous aurions dû déjà être parties et que personne d'autre que nous deux n'était venu au secours de cet homme, j'ai tout de suite pressenti la «coïncidence». Le hasard n'existe pas. Nous devions être là pour aider cet homme. Je venais d'expérimenter un premier changement majeur d'attitude et je ne pouvais voir une autre cause que les initiations.

Le lendemain, j'ai avisé mes proches et amis (dont plusieurs souffraient de maux divers) que je pouvais leur transmettre l'énergie du Reiki. Je leur ai expliqué en quoi cela consistait, puis je les ai laissés décider. Seule ma grand-mère me demanda de la traiter.

De nature inquiète et de tempérament nerveux, cette femme avait fait la tournée des médecins pour calmer une grande anxiété qu'elle avait du mal à expliquer. Refusant de vivre sous l'effet constant des calmants qui ne la libéraient pas d'un tremblement intérieur exaspérant, elle suivait depuis déjà plusieurs années des traitements d'acupuncture qui ne la soulageaient que temporairement. Bourrée de formes-pensées et de schémas négatifs qu'elle n'avait jamais même questionnés, elle ne pouvait exprimer et expliquer comment elle se sentait sauf que par «je me sens bien» ou «je me sens mal». Je savais par expérience qu'il était inutile d'essayer de lui expliquer d'où son anxiété pouvait provenir, puisque c'était du jargon pour elle. Je savais également qu'à 80 ans, elle était beaucoup trop ancrée dans ses schémas pour les changer. Elle voulait se sentir bien dans sa peau sans effort, par magie.

Sans lui expliquer quoi que ce soit du Reiki, je lui ai simplement suggéré une série de traitements. Pour moi, la question était de savoir si le Reiki pouvait réussir où d'autres avaient échoué. J'avais en ma grand-mère le sujet idéal pour m'apporter des preuves concrètes de la puissance du Reiki. Dès le premier traitement, elle se sentait très détendue et le tremblement avait disparu. Elle avait senti l'énergie couler en elle comme une chaleur bienfaisante précisément aux points où j'avais posé mes mains. À chaque traitement, c'était la même chose mais rien ne semblait changer. À sa demande, j'ai décidé d'effectuer une autre série de traitements une semaine plus tard, en concluant que les résultats étaient déjà positifs. Par ailleurs, je trouvais frustrant de ne pas pouvoir lui prédire les résultats des traitements, mais enfin...

La semaine suivante, lorsque je retournai voir ma grand-mère, elle commença à m'expliquer comment elle se sentait et les changements qu'elle remarquait. Elle s'exprimait beaucoup mieux, trouvant les mots pour traduire ses idées et les sensations ressenties. Peut-être qu'elle ne s'en rendait pas compte, mais c'était un changement majeur. Elle avait noté que ses idées étaient plus claires, qu'elle s'inquiétait beaucoup moins pour ce qui n'en valait pas la peine, qu'elle était beaucoup plus calme et que si son tremblement était revenu, il était beaucoup moins fort. Tiens, tiens... Alors, on continue?

Si je n'avais pressenti que des rumeurs subtiles d'une transformation intérieure au tout début, la période de purification de 21 jours suivant les initiations est venue clarifier ces impressions. J'étais encouragée par l'autotraitement quotidien et ceux que je donnais, car les changements commençaient à se manifester, parfois de façon surprenante et souvent dans des situations très banales.

Je les sentais sur tous les plans, que ce soit physique, émotif, mental ou psychique. C'était subtil comme modification d'attitude ou de comportement et, le plus souvent, probablement imperceptible à mon entourage. Or, moi, je pouvais facilement comparer «avant» et «après» le Reiki.

Par exemple, des problèmes physiques de longue date s'atténuaient sensiblement; je ressentais les émotions beaucoup moins intensément et, par conséquent, elles étaient moins sujettes à distortionner ma perception des choses; autrefois agité, le mental était maintenant calme, plus clair, plus méthodique, et mes idées s'organisaient facilement; mes perceptions psychiques devenaient plus sensibles, plus aiguisées. Évidemment, dans ce calme intérieur où tout semblait tourner harmonieusement, j'entendais également mon cœur parler plus clairement et, par conséquent, mon intuition me guidait mieux.

C'est durant la dernière étape de cette période qu'émergèrent des schémas négatifs avec lesquels j'avais vécu presque toute ma vie sans même m'en rendre compte malgré le grand ménage déjà effectué. Ce qui me renversait, c'était de constater à quel point ma vie tournait autour de ces schémas devenus instinctifs. Ça faisait très mal de prendre conscience tout à coup que c'était précisément ce qui avait mis tant d'obstacles sur mon chemin et ce qui m'empêchait d'avancer plus loin vers un mieux-être plus complet. À 40 ans, je comprenais soudainement que je devais maintenant apprendre à fonctionner par moi-même plutôt que de vivre ma vie à travers, par et pour les autres.

Or, si j'avais l'habitude de tels combats entre la raison et les émotions, cette fois-là, ma réaction était différente et beaucoup moins traumatisante.

Tout naturellement et sans poser de questions, je me suis laissée aller à exprimer toute l'émotion et l'amertume que cette révélation faisait remonter à la surface. Puis, j'ai fait l'autotraitement et je me suis endormie paisiblement. À mon réveil, quelques heures plus tard, je fus surprise de constater que la douleur intérieure intense qui était remontée du fond de mon être avait complètement disparu au lieu de persister pendant des jours ou des semaines comme auparavant. À la place, j'ai ressenti une force intérieure et une détermination insoupçonnée qui me donnaient encore plus de courage pour vivre en conformité avec ce que je suis vraiment, en harmonie avec mon âme.

Il semble que cet épisode ait fait tomber d'autres barrières, puisque je ne ressens plus le besoin de me conformer à des règles établies ou aux conventions de la société. Tout ce qui reste aujourd'hui est la compassion, le respect et l'amour tant des autres que de moi-même, et ça n'a absolument rien à voir avec l'égoïsme. J'ai gagné beaucoup de confiance en moi et beaucoup plus d'estime de moi, points qui m'ont longtemps fait défaut.

En compagnie de la même amie, nous sommes retournées voir Élizabeth pour le deuxième niveau de Reiki. J'avais hâte d'y

arriver, mais si ma curiosité initiale était encore là, j'avais maintenant une sorte de respect et je ressentais comme un privilège de
pouvoir passer l'étape suivante. Pour des raisons que je ne pouvais
expliquer, je la pressentais importante.

Assise en méditation alors qu'Élizabeth initiait ma compagne, j'ai commencé à recevoir des impressions. Je sentais qu'il
y avait une différence en moi depuis les initiations du premier
degré. Or ce changement n'avait rien à voir avec ceux que j'avais
déjà observés à d'autres niveaux. Mon âme aussi avait changé !

Alors que la pièce où Élizabeth nous initiait était petite, je
me suis retrouvée dans ce que je percevais être une salle immense
où je sentais des présences autour de nous. J'ai alors reconnu
l'énergie des êtres de lumière avec qui mon amie et moi étions
déjà familières pour les avoir déjà rencontrés durant certaines
méditations. Voyant un mouvement du coin de l'œil, à ma droite,
j'ai regardé dans cette direction. Là, dans un coin de cet espace,
j'ai vu celui que je soupçonnais être le grand responsable des
bouleversements qui m'avaient propulsée sur le chemin de la
lumière trois ans auparavant. J'avais déjà rencontré Mikaal (c'est
le nom que cette entité de lumière m'inspire) à quelques reprises,
et je dois admettre qu'il m'impressionnait particulièrement. Je
n'avais jamais vu d'être aussi splendide de ma vie ! La grande
puissance tranquille, l'amour et la compassion qui émanent de lui
me faisaient sentir toute petite et j'avais beaucoup de peine à le
regarder en face.

Surprise de sentir et même de voir tous ces êtres magnifiques autour de nous comme un comité d'accueil, j'ai compris que
non seulement j'étais à ma place, mais aussi que toute cette évolution m'y avait amenée. Regardant Mikaal qui souriait doucement en m'observant d'un petit air moqueur, j'ai été remplie de
reconnaissance envers celui qui m'avait guidée malgré toutes les
crises que j'avais traversées en cours de route. Le voyant s'approcher lentement, j'ai ressenti tout l'amour qui émanait de lui envers moi ainsi que quelque chose que j'associais alors à beaucoup
de fierté. J'étais debout maintenant et Mikaal se tenait devant

moi. Contrairement aux fois précédentes où je l'avais perçu comme très grand et particulièrement imposant, j'étais presque aussi grande que lui! Il m'impressionnait pas mal moins comme ça. Je le voyais maintenant plutôt comme un grand frère qui m'avait traînée par la main jusqu'à la maison malgré toute ma résistance.

Il m'a regardée droit dans les yeux et j'ai été surprise de constater que je faisais de même. *«Est-ce que nous ne t'avions pas dit que tu étais prête? Évidemment, tu ne le croyais pas. Moi, je savais que tu pouvais y arriver.»*

D'emblée, je me souvenais maintenant de la première visite tout à fait inattendue de ces messagers de lumière, visite qui avait déclenché toute ma remise en question et ce qui a suivi. De plus, je comprenais maintenant sa fierté à mon égard, un peu comme celle d'un parent aimant qui reconnaît avec amour la valeur d'un enfant qui a mis beaucoup d'efforts à réussir un travail difficile. Je sentais, émanant de Mikaal, tout cet amour, toute sa sagesse et sa grande compassion. Je m'en suis sentie traversée, entourée comme dans un cocon, et l'émotion était si forte que je me sentais incapable de la contenir. Je pleurais de joie, d'amour et d'une grande paix que je n'avais jamais ressentie auparavant.

Dans une série de visions, j'ai revu les points tournants de mon évolution et j'ai simultanément compris non seulement à quel point je m'étais inquiétée de trouver mon chemin, mais ce que je suis et où je dois être. Mikaal et d'autres comme lui m'avaient souvent répété: *«Suis ton cœur, il ne te trompera jamais.»* Et si je n'écoutais pas toujours, c'était par manque de confiance en moi, en eux et en la vie. Ces êtres splendides avaient régulièrement pris des moyens détournés pour me faire avancer, mais je comprenais maintenant où ils voulaient en venir et je ne pouvais pas leur en vouloir. Quand on a affaire à une tête de mule, aux grands maux les grands moyens...

Mikaal a alors posé un genou par terre et m'a saluée bien bas. Je le regardais, étonnée de le voir dans cette position que je concevais encore ne pas mériter. Je sentais en lui une grande humilité malgré toute sa puissance et sa grandeur.

Se relevant, il me dit en me tendant la main: *«Tu fais maintenant partie de nous. Voilà tes frères.»* Les mots me manquaient tellement j'étais surprise de ce qui se passait. Moi? J'ai soudain compris qu'il parlait à mon âme, aussi un être de lumière. Mon conscient avait beaucoup de difficulté à admettre qu'une telle chose soit possible, mais je sentais au fond de moi qu'il disait vrai. Mikaal m'a ensuite rassurée sur diverses questions, plus particulièrement sur l'avenir et la route à suivre. *«Aie confiance»*, a-t-il dit simplement avant de s'engloutir dans une grande lumière. Oui, je sais, j'ai un problème avec la confiance. Pour un moment, tout est devenu lumineux, puis je suis revenue à la «réalité». Élizabeth était en train de m'initier.

Ensuite, Élizabeth nous a enseigné quelques symboles sacrés ainsi que leur utilisation précise. C'était tellement familier! Je ne pouvais m'empêcher de faire un lien direct avec cette incarnation d'apprentie prêtresse en Atlantide alors que je m'étais clairement vue, durant certains rituels, dessiner quelque chose avec l'énergie de l'un émanant de mes mains pendant que je prononçais des paroles incompréhensibles. C'était donc ça! Était-ce les mêmes symboles? Or je ressentais en même temps une certaine hésitation à utiliser ces symboles. Je comprenais et sentais leur puissance, et ça me faisait un peu peur. En avais-je déjà fait une mauvaise utilisation? Avec ce que je sais de mes vies antérieures, c'est tout à fait possible.

Pour ce qui est des effets des initiations du deuxième niveau, j'en suis ressortie avec ce même «grignotement» intérieur que la première fois mais, à ce jour, les changements semblent se passer à un tout autre niveau, beaucoup plus profondément. Je suis consciente de ma valeur. Je me sens appréciée et aimée, et mon sentiment d'infériorité a disparu.

Je ne cherche plus, comme avant, l'approbation de mes actions, de mes sentiments ou de mes idées; je m'exprime maintenant avec beaucoup plus de spontanéité et d'harmonie vis-à-vis de moi-même. Et ça me surprend encore de constater à quel point c'est bien reçu par mon entourage. De la même façon, je suis tout étonnée de percevoir la lumière intérieure des gens, aussi bien en mes proches et mes amis qu'en plein métro. Je ressens beaucoup plus clairement la présence de mes frères de lumière autour de moi alors qu'avant, je devais me rappeler consciemment et régulièrement qu'ils étaient là pour m'assister et me guider. Je me sens plus légère, plus libre et je sens mon âme se manifester plus librement. Et elle est belle cette âme, toute de lumière, d'amour et de sagesse. Si j'avais su que ce merveilleux trésor se cachait en moi, je crois sincèrement que je n'aurais pas attendu aussi longtemps pour la révéler au monde entier.

Je tiens à remercier sincèrement mon maître Reiki, Élizabeth, pour tout l'amour qu'elle donne aussi inconditionnellement qu'il est humainement possible. Je sais qu'elle ne serait pas d'accord, mais avant les cours de Reiki, je n'avais jamais ressenti autant d'amour, de joie et de paix d'un être humain. De même, j'ai ressenti cette même énergie d'amour et d'acceptation totale à l'intérieur des groupes ainsi que cette complicité qui me porte à croire que, bien que nous soyons tous des étrangers dans cette vie, nous nous sommes probablement rencontrés antérieurement pour travailler ensemble. Bien que j'aie toujours ressenti ces choses en présence d'êtres de lumière, je ne croyais pas qu'une telle atmosphère pouvait exister au niveau humain. Je crois que c'est ça, le Reiki.

Aujourd'hui, je pense discerner ma voie alors que je l'ai cherchée toute ma vie. Je sens maintenant que j'ai laissé 40 ans de vie derrière moi pour reprendre un chemin que j'avais quitté.

Un jour, les êtres de lumière m'ont expliqué qu'une bonne majorité des êtres humains sont des enfants de la lumière qui, avec le temps, se sont égarés du chemin vers la lumière. Il appartient maintenant à ceux qui ont retrouvé cette route de les guider vers cette lumière, chemin d'amour, d'harmonie, de vérité et de connaissance. Évidemment, ce témoignage n'est que le mien;

chacun vit son évolution spirituelle à sa façon et selon ce qu'il a à apprendre, à faire de sa vie, en fonction de son âme et de la route qu'il doit prendre pour y arriver. Mais si mes paroles influencent une seule personne à retrouver cette lumière, la grande source de tout ce qui est, alors j'aurai accompli quelque chose de valable.

Au fond, l'âme sait très bien où elle va et ce qu'elle a à faire. J'en ai maintenant la preuve.

Sylvie Lupien, praticienne de Reiki

Motivée par un fort désir de grandir spirituellement, après quelques années de réflexion et de démarche spirituelle, je recherchais la façon de venir en aide aux autres. Puis, un jour, à l'émission d'Anne-Marie Chalifoux, j'ai entendu parler du Reiki. J'ai compris que l'on pouvait s'autoguérir et aider les autres à en faire autant. Guérir le mal à l'âme que j'avais depuis mon enfance, l'insécurité, le grand besoin d'amour que les autres ne réussissaient pas à combler. J'appris que cet enseignement se donnait sur une courte période, ce qui me plaisait. Je me suis dit: «Je vais choisir une personne avec laquelle je me sentirai à l'aise.» Je priais et je savais que je la trouverais. Un jour, j'entre dans une librairie à Terrebonne et je vois une publicité, le visage d'Élizabeth. Je me suis alors dit: «C'est elle!» À la télévision, j'avais perçu qu'elle ne jugeait pas. Tout s'est ensuite passé très vite. Après avoir été initiée, j'ai senti mon cœur s'ouvrir. Probablement qu'il s'était refermé face aux autres de peur d'avoir de la peine.

Juste avant les fêtes, j'ai offert gratuitement à trois personnes le Reiki, mais elles ont refusé. Je fus déçue. Je me suis aperçue que ce n'était pas ma volonté qui s'imposait, mais celle du Très-Haut. Un jour, tout en cousant et en priant, je me suis mise à douter. Je me disais: «Seigneur, si vraiment le Reiki est le chemin que tu souhaites que je prenne, envoie-moi quelqu'un en dehors de ma famille.» Je doutais de la sincérité de mes proches, pensant qu'ils cherchaient peut-être à me faire plaisir. Le lendemain, ma mère m'appelle. Je lui avais déjà donné du Reiki, cela lui avait fait

Comme des eaux turbulentes sont nos émotions.

beaucoup de bien et nous avait aussi rapprochées. Elle avait rencontré quelqu'un au centre commercial qui avait besoin d'aide. Ma mère lui avait donné mes coordonnées. Cette personne m'a téléphoné. Elle connaissait le Reiki. Lorsqu'elle est arrivée, quelle surprise! Elle ne marchait pas toute seule. Elle faisait de l'arthrite depuis 28 ans.

Ses genoux ne pliaient pas et elle avait été opérée aux mains. Il fallut la descendre au sous-sol. Je lui ai donné du Reiki. Quand elle est partie, j'ai dit au Seigneur: «Je t'ai demandé une preuve, mais là, franchement, tu m'as vraiment mise à l'épreuve.» Je ne croyais pas pouvoir faire grand-chose pour l'aider.

Je lui ai donné trois traitements à la maison. Pendant un mois, je lui envoyais une heure de Reiki par jour et, souvent, elle me téléphonait pour en redemander.

Ses genoux pliaient, elle s'était remise. Elle était même allée danser le twist, devant les filles, à la pharmacie, en criant «Reiki! Reiki!» pour leur donner une preuve de son rétablissement. Je crois qu'elle est un petit ange qui a été mis sur mon chemin.

J'envoyais de l'énergie, de l'amour tous les jours et je disais: «Seigneur, prends-la en main.»

Un jour, elle me téléphone. J'avais sa photo chez moi et elle voulait venir la chercher. Ma mère avait cru la voir au centre commercial dans les semaines précédentes, mais n'en était pas certaine puisqu'elle marchait. Je lui demande donc si c'était bien elle que ma mère avait aperçue. Elle me demande à son tour pourquoi ma mère n'était pas allée lui parler. Je lui réponds qu'elle allait trop vite pour ça. Elle s'est mise à rire en me disant que c'était vrai et qu'elle était bien mieux. J'ai pris ça comme un clin d'œil de Dieu. Quand elle est venue chercher sa photo, elle ne marchait pas comme une petite fille de 20 ans – elle en a 72 ans –, mais elle marchait toute seule et ses genoux pliaient. Elle m'a dit: «Ça fait trois fois que je vais jouer au casino. Mon mari (en baissant le ton) ne prend plus une goutte d'alcool. Il s'est acheté une guitare comme lorsqu'on s'est connus, on fait de la musique et on a bien du plaisir.» Cette journée-là, j'étais tellement contente, je volais, je n'en revenais pas du bonheur que Dieu m'envoyait. Voilà pourquoi j'aime tant le Reiki.

Prières inspirées
par le Reiki

Reiki,
énergie de guérison

Reiki, source de guérison
Énergie de vie à l'horizon

Venant d'en Haut
Où le Ciel est beau

Là où la splendeur
Naît de la grandeur

Immense Lumière magique
Bienfaits fantastiques

Secret bien gardé
Pourtant à la portée

De tous les cœurs sincères
Voulant triompher des misères

Rayonnement violet
Couvrant tous les aspects

Vivant ici sur cette Terre
Cette mère nourricière

Force d'Amour pur
Plus grande que l'azur

Lorsqu'accepté sincèrement
Guérit instantanément

Ou suivant notre cheminement
Dans notre présent

Bénie soit la Source Divine
Qui vers l'harmonie nous achemine

Et qui par son étincelle
Rend notre monde moins rebelle
Reconnaissance et gratitude infinies
Embelliront ainsi notre vie...

Élizabeth A.

Être initié au Reiki

Être initié au Reiki
C'est se brancher à la Vie
Y puiser la Force d'Amour
Qui demeure en nous toujours

Énergie de guérison
Illuminée de vibrations
Pour nettoyer nos chakras
Et mieux guider nos pas

Merveilleuses mains
Pour franchir les chemins
Du corps au cœur
Pour un bonheur intérieur

Par cette force se grandir
Dans un meilleur avenir
Le partager aux gens
Et vivre ainsi vraiment
Les lois divines de l'Amour
Qui demeurent toujours

Être initié au Reiki
C'est se brancher à la Vie...

Élizabeth A.

J'ai reçu cette pensée pendant que je me donnais du Reiki. Lorsque je médite avec elle, je me sens tellement pleine d'amour que j'ai voulu la partager avec vous.

La source

Il existe tout au fond de mon cœur une caverne. Là se trouve un trésor, une source y jaillit. Elle est pure, claire, limpide, cristalline, immatérielle. Cette source jamais ne se tarit. C'est l'essence même de Dieu, tout l'Amour du monde, le lien universel où baigne toute vie.

Lorsque mon âme est peinée, je retourne vers cet Amour et je me laisse bercer. Alors, baignée par la Lumière, j'entends les anges chanter et me redire combien nous nous aimons tous. À ce moment, je sais que l'Univers m'habite. Mon cœur se remplit d'un Amour profond et d'un respect qui le rend libre et heureux.

Carole Boissonneault

Seigneur Dieu

Que ta bienveillante lumière descende sur cette personne et, à travers mes mains, accorde-lui ta protection, ta bénédiction et la guérison.

Que ta volonté soit faite, Dieu Vivant et Éternel! Qu'il en soit ainsi!

Cette prière a été offerte par:

Carole Boissonneault

Lumière

Mes chers frères et sœurs bien-aimés, il est temps de vous ouvrir à cette Lumière qui ne cesse de vous appeler, celle du Père, de notre Père. Il vous appelle à la clémence, au pardon, à l'abandon. Oui! à l'abandon de votre couche protectrice qui vous empêche de Le voir, de nous voir.

Vous aussi, vous pouvez sentir le renouveau spirituel qui, depuis quelques années, essaie de vous montrer le chemin. Les richesses de la Terre ne sont qu'éphémères, tandis que les vrais trésors sont ceux que vous réservent les Cieux. Votre cœur les connaît déjà si bien. Seulement lui peut vous guider vers le chemin qui mène à Dieu.

Ne vous souciez plus de demain. Pensez à aujourd'hui, à l'instant présent. Cela seul est important car, comme vous le savez, il vous appartient de vous changer et d'avoir de l'influence sur ce que vous faites en ce moment même. Aimez ce que vous faites. Agissez avec Amour. Soyez joyeux, souriants, aimants, sans gêne d'aimer votre Père, votre Mère.

Moi, votre frère céleste, je vous invite à entendre la Parole de Dieu:

Laissez-moi vos petits chagrins, vos peurs, vos «monstres». Je saurai en prendre soin comme j'en ai pris soin depuis toujours. Des premières heures du jour et jusque dans la nuit, Je suis là. À chaque instant de votre vie, Je suis présent. Moi, votre Père aimant, Je ne vous abandonne jamais. Je suis en chacun de vous, aussi petit soyez-vous. Je vous aime d'un Amour si vaste qu'il vous est même impossible de le pressentir. Je suis vous, vous êtes

Moi. Nous sommes avec vous à chaque moment de votre existence.

Alors, vous vous demandez pourquoi les guerres existent. Je vous dirai ceci: Elles sont le fruit de l'humanité, non celui du Bien. En vous incarnant, vous avez été enjoint de vous conformer à une règle formelle, celle du libre arbitre. Vous avez le choix de vos actions, de vos pensées, donc de votre destinée.

Le choix du lieu de votre naissance, de votre famille vous incombe. Vous choisissez donc parfois des situations difficiles, des existences de prêtres, des rôles de victimes, de simples ouvriers, de maîtres d'œuvre...

Qu'importe la personne que vous devenez, choisissez de travailler dans et pour la Lumière où que vous soyez, quoi que vous fassiez.

Votre seule limite est celle que vous vous êtes imposée. Que vous soyez pauvre ou d'une richesse accomplie, peu importe. La véritable voie est celle de la Sagesse, de l'Entendement et du service pour l'humanité. Laissez la Lumière de votre cœur se révéler à vous. Rappelez-vous que vous êtes des enfants de Dieu, des enfants de la Lumière, des enfants de l'Univers. Purifiez votre âme chaque jour. Demandez de retrouver la Sainte Paix.

Souvenez-vous que vous faites partie du Plan Divin. Le temple de Dieu est en chacun de vous et chante les louanges de l'Éternel chaque jour. Il vous révèle sa grandeur, sa magnificence, sa générosité, son grand Amour pour l'Humanité. Son chant irradie et pénètre chacune de vos émotions afin d'en libérer la grâce de Dieu.

140

Alléluia! Alléluia! Que la Voix du Seigneur se fasse entendre dans toute sa Sagesse! Que les anges nous guident vers Son lumineux dessein! Hosanna au plus haut des Cieux!

Que le nom du Seigneur réveille en vous la gloire de l'aurore, les louanges de l'arc-en-ciel, les beautés de l'Univers.

Qu'Il avive votre soif de connaître l'invisible. Qu'Il vous dévoile votre nudité devant l'Éternel. Qu'il enchante votre cœur tel le son d'une crécelle vibrant aux quatre vents.

Que le nom du Seigneur soit chanté sur toutes les lèvres, dans tous les cœurs. Qu'il soit votre chant glorieux, votre sanctuaire, votre oasis de Paix, votre conscience dans l'Amour du Christ qui est en vous.

Que la Paix englobe toute la Terre et ses habitants. Il y a peu de temps, votre corps céleste est entré dans une phase du renouvellement. Je veille sur vous, mes chers enfants de Lumière. Le Seigneur Jésus, Celui que vous appelez le Christ, est bien parmi vous en ce moment. Le Messie et sa cohorte d'anges lumineux sont en ce moment sur votre Terre.

À chaque seconde, des âmes décident de partir déjà vers le monde de Lumière. Elles ne peuvent aller plus loin et s'éloignent. Restez sans jugement, car elles vous ont apporté tout ce qu'elles pouvaient. Maintenant, vient pour elles le temps du repos.

Vous êtes les enfants de la Lumière. Ressentez cela. Votre cœur le sait et vous le chante. Il se soulève d'Amour lorsque vous nous savez tout à côté de vous.

141

Ne sentez-vous pas la chaleur de notre présence, une grande joie vous envahir et parfois même, ce sentiment est tellement fort que votre âme verse quelques larmes de bonheur?

N'avez-vous jamais ressenti la flamme qui habite votre être? Cette flamme divine qui brûle depuis la nuit des temps et qui garde votre cœur en état de béatitude. Vous pouvez, dès aujourd'hui, ressentir tout cela. Lorsque vous priez, que vous méditez, nous sommes toujours là. Nous attendons de vous un signe, une demande. Montrez-nous que vous souhaitez vraiment que nous vous aidions, que nous vous guidions.

Vous êtes les propres maîtres de votre maison et cette maison qui est votre véhicule, votre corps, vous pouvez nous y inviter. Laissez-nous tapisser vos murs de pure joie et d'étoiles d'Amour Divin. Je suis près de vous, dit le Seigneur. Je suis là et Je serai toujours là.

Message et prière reçus par Carole Boissonneault

Louanges au plus Grand des plus Grands

À mon Père, mon Père bien-aimé, très Grande Divinité, je laisse monter l'inspiration pour te louanger. Je puise à ma source première, à ce diamant où je me recueille constamment afin de pouvoir m'unir sans cesse à ses rayons d'amour, à sa force infinie qui me berce. Je voudrais inventer des mots de lumière, Ô Beauté Suprême, pour te signifier ma gratitude. Ce bonheur extrême que je rencontre en ta présence lorsque je descends au centre de mon cœur, cette union d'amour, ce contact qui se produit, je n'arrive pas à l'exprimer. Sa force immense dépasse mon entendement. Cette douceur satinée m'enveloppe, cette douceur m'illumine, cette douceur me transforme. Dans ces moments de grande exaltation, je deviens un joyau d'une richesse immatérielle. Mon cœur est entouré d'une dentelle de cristal, d'une dentelle des plus raffinées, d'une dentelle sacrée où tes rayons s'infiltrent et m'éclairent. Cette dentelle si fine m'inspire.

Ô mon Roi! Ô Maître adoré! Merci pour tout. Merci de m'écouter. Des élans d'amour montent et explosent en de petites parcelles de diamant, dansant dans l'Invisible, heureuses de partager ce moment fragile pour te glorifier, te sanctifier. Grâce à toi, mon bienfaiteur, ton enfant marche avec force dans ta lumière portant le flambeau de la liberté, de la délivrance. Elle se sent portée par ton amour, par ta grandeur. Ce petit enfant voudrait tant te combler, Ô Maître absolu.

«Pour te rendre heureux, cher enfant, abandonne-toi chaque jour de plus en plus, en te renforçant par des intériorisations, par des rencontres avec moi. Fais de ces rendez-vous ta force ultime. Reviens constamment à ton diamant, sois présente à l'instant. Une force spéciale t'habite. Cette énergie te rend plus grande et plus puissante. Mais, crois-Moi, ta grandeur dépassera «l'indépassable» puisque tu es infinie. Continue, continue, continue à t'abandonner.»

Oh oui, Grande Sagesse Divine, je le ferai par amour pour Toi. J'ouvre mes bras, j'ouvre mon cœur à cet abandon. Que ta volonté soit faite, Grand Maître, en ton humble et fidèle enfant. Un million de fois Merci!

Tiré du livre de Louise Dufort,
S'abandonner jusqu'à la fusion.

Force Divine

Je vois un cœur d'émeraude à mon troisième œil. L'intérieur est de diamants. Mes deux colombes en sortent et je m'envole avec elles. Elles sont très joyeuses de mon intégration à cette force Divine. Nous continuons jusqu'à un monde de lumière, ma demeure spirituelle. Mes sœurs et mes frères m'accueillent avec enthousiasme et bonheur. Nous chantons et dansons pour fêter ce grand jour. Mes sœurs m'encerclent et me donnent de l'amour. Des diamants tombent en abondance. J'en prends plusieurs dans ma main et je souffle sur eux.

Aussitôt, de belles colombes de paix apparaissent. À nouveau, je fais ce geste et, toujours, des colombes naissent. «Tu apporteras la paix à tes frères et sœurs de la Terre.» Une à une, elles embrassent mon troisième œil faisant surgir un diamant. Je deviens diamant, puis lumière, comme eux. Une telle joie s'empare de moi!

Comme je les aime! Comme j'aime me retrouver avec mes sœurs, vivre ces instants particuliers, ces instants d'infinie communion! Mais je dois m'en retourner. Je reviens toujours enrichie, grandie et plus forte. Merci, Lumière Divine, merci, mes deux colombes et merci à vous, sœurs et frères de lumière.

Tiré du livre de Louise Dufort,
S'abandonner jusqu'à la fusion.

Terre, Femme d'Amour

Terre, Terre, femme de courage, de tolérance, femme nourricière au cœur magnanime, aux bras de tendresse, de générosité. Toi qui protèges tes petits avec sollicitude malgré notre inconscience, notre ingratitude, tu nous pardonnes sans cesse. Du plus profond de notre âme, nous te demandons miséricorde. Dès cet instant, nous te manifestons un respect absolu, en prenant conscience de ta valeur inestimable et de ton magnétisme incomparable. Tu es la plus fabuleuse, la plus pure des émeraudes, le plus précieux des joyaux.

À notre Mère, si c'était possible, mes frères et moi, en guise de reconnaissance et de gratitude, te déposerions avec délicatesse et douceur sur un socle d'or et de diamants, car tu es Reine de ce monde.

Merci infiniment pour tout.

Inspiré par l'Ange de la Terre.
Tiré du livre de Louise Dufort,
S'abandonner jusqu'à la fusion.

Message d'Amour aux gens de bonne volonté

Je t'ai attendu, tu ne m'as pas répondu.
J'ai cru en toi et j'ai été bien déçue.
J'étais comme une statue au coin de la rue
Attendant sa recrue afin de me sentir moins perdue
Et Maintenant, je n'attends rien de plus…

Alors, je suis devenue spirituelle.
Et ce sera sans querelle
Puisque j'aime d'un amour inconditionnel.

Il ne faut pas être égoïste
car tu reviendras avec le même vice.
Et tu seras encore sur la mauvaise piste
Jusqu'à ce que tu grandisses comme une fleur de lys.
Il faut te procurer l'améthyste
afin que ton âme ne se pétrisse,
car cela devient un supplice...

Je te remercie, car cela a abouti.
Maintenant, je ne suis plus étourdie.
Maintenant, j'ai le cœur épanoui
Car je suis assagie après avoir compris la leçon de la vie
et je me crois parfois au Paradis;
là où il n'y a pas d'abrutis
Mais celui qui me sourit est toujours mon ami.

Les années ont passé et le temps a filé.
Et moi, je me suis volatilisée là où est ma plus belle destinée.
Mon rêve est d'évoluer sans être torturée.
Je ne veux plus être trompée.
Je ne veux plus de calamité.
Je veux l'amitié et la sincérité.

Si ta sœur est en sueur, il ne faut pas avoir peur.
Il ne suffit qu'un peu de lueur afin d'atténuer tous les pleurs...
Si l'on veut obtenir la passion, il faut bien une raison...
Sinon, il faut la compensation.
Mais il faut faire attention,
car certains aiment la destruction...

Il faut ouvrir grand son cœur avant
qu'il arrive trop de malheurs.
Il faut apprendre à mettre la lueur
là où il y a la terreur
Si l'on veut atteindre le bonheur...

Si tu trouves l'amour dans la cruauté,
alors tu n'as pas bien écouté
Car ce n'est pas de la bonté.
Aimer, c'est respecter, écouter et pardonner.
Aimer, ce n'est pas diriger l'autre,
C'est lui ouvrir la porte à clef afin de respirer et de partager
la joie et la liberté.
Et laisser pénétrer la personne qui veut se libérer...
Et si tu ne peux l'accepter,
Alors tu n'es pas celui que j'ai cherché...

Yvette Labrecque

Mon cher fils

Ce petit mot est juste pour te dire
Que le Reiki est un cadeau de Jésus.
Et si ton cœur a dit: «Oui, je le veux»,
Alors, toi et nous tous pouvons être heureux...

Nous n'attendons rien de plus
Et tous, nous t'aimons.
Ce n'est pas une obligation; c'est un don.

Il n'y a pas de culpabilité,
Il ne reste qu'à remercier.
Et si tu peux te pardonner et pardonner
aux autres comme tu l'as toujours si bien fait,
Tu seras exaucé...

Ce n'est ni l'argent ni le temps
Tu es un enfant avec un cœur grand.
Et quand ton cœur sera rempli,
Tu déborderas d'énergie
Et tu seras vite guéri.

De ta maman qui t'aime énormément,
Yvette Labrecque.

Conclusion

Lorsque j'ai écrit ce livre, je voulais partager ma vision de ce qu'est ou devrait être la vie d'un maître Reiki. Mais je ne voulais pas vous présenter seulement la mienne. C'est pourquoi j'ai posé la question à plusieurs autres personnes afin que nous puissions, vous et moi, contempler ensemble cette vision de la vie d'un maître Reiki.

J'ai été très touchée et émue de constater que tous ceux et toutes celles qui ont offert leur partage ressentaient la même chose que moi. Leur vision et la mienne se ressemblaient; mieux que cela, c'est grâce à leur partage que toutes les facettes ont été présentées dans ce livre. Lorsque j'ai contemplé le résultat, je me suis rendu compte que rien ne manquait: chacun avait touché un point de vue différent. Nous avons fait de notre mieux pour exprimer notre vision et même si le dialogue diffère d'un maître à l'autre, nous nous rejoignons toujours.

Ce livre devait servir à ouvrir les cœurs. C'est réussi, car le mien s'est grandement ouvert après avoir lu tous les témoignages, les poèmes et les prières qui y apparaissent. La générosité et l'amour de tous ceux et de toutes celles qui ont partagé avec moi leur vision m'a démontré que nous nous dirigeons vraiment vers un monde meilleur!

Que la paix, l'amour et l'harmonie règnent toujours dans nos cœurs!

Élizabeth Vibhuti Dufour

« La Divine Dignité »

Collection de Mme Cécile Marinelli.

Symbolique du tableau
«La Divine Dignité»

Message reçu en channeling par Mère des Cieux

Cet Être Suprême représente l'Énergie de la dignité de tout le cosmos et des gens de la terre. La Divine Dignité, au regard de noblesse, est d'une pureté et d'un amour exceptionnels, d'une force, d'une sûreté à toute épreuve que rien ne peut venir ébranler. Ses yeux violets qui se dirigent vers l'infini vous montrent qu'il n'existe aucune barrière, que vous êtes des personnes illimitées et qu'il vous faut prendre vraiment conscience de cette réalité.

La noble Reine vous donne du courage pour continuer votre évolution spirituelle. Maintenant, portez votre attention sur la croix et la spirale maîtresse située au cœur de la croix au niveau du plexus solaire, et sur toutes les autres spirales d'or qui circulent dans son corps. Elles purifient et allègent les émotions du plexus solaire pour les transmuter, les équilibrer. Aussi, en raison du haut taux vibratoire qu'elles véhiculent, elles stimulent chaque particule d'énergie pour défaire les indignités enregistrées de tout temps.

Nous disons que la plus grande humiliation qui existe sur terre pour vos frères, c'est de prendre leur dignité. Car, sans dignité, vous vous sentez écrasés; sans confiance, vous agissez dans le doute.

Nous le répétons, la pire des souffrances pour l'âme, c'est de vivre dans l'indignité. Lorsque l'âme en est libérée, une transmutation se produit, le courage revient, une force extrême s'active, une effervescence des cellules survient. Ces dernières deviennent des notes de musique, des sons qui expriment la dignité. Chacune annonce la bonne nouvelle à l'autre: «Écoute, c'est fini, tu es libérée pour toujours, va et dis ce message à tes sœurs. Elles attendaient depuis si longtemps cette libération!»

Puis, de cellule en cellule, en se tenant par la main, elles courent les prévenir. Imaginez la situation! Elles chantent: «Ô Dignité Suprême, comme nous sommes heureuses d'être unifiées à ta puissance, à ta pureté, à ta noblesse.»

C'est une fête incomparable; toutes chantent, bougent, acclament, rient, et une joie éternelle les habite. C'est la consécration, la purification.

Cette Divine Dignité est un chant de lumière, une symphonie pour l'âme.

Paix, paix, paix en vos cœurs.

Tiré du livre de Louise Dufort,
S'abandonner jusqu'à la fusion.

Les maîtres Reiki

Élizabeth Vibhuti Dufour
18, 1re Avenue
Laval (Québec)
H7H 2P8
(514) 622-8383

Vandana Gillain
Montréal (Québec)
(514) 276-0931

Rollande Bélanger
Laval (Québec)
(514) 625-5111

André De Ladurantaye
(514) 652-5949

Collaboration spéciale de Maev
Saint-Ambroise (Québec)
1 (800) 815-8353

Collaboration spéciale de Sarah Diane Pomerleau
Saint-Lambert (Québec)
(514) 358-5530

Jacquelin Bourguignon
Laval (Québec)
(514) 975-8464

Denise Quintal
Saint-Léonard (Québec)
(514) 356-2931

Carmen De Pontbriand
Île des Sœurs (Québec)
(514) 766-7848

Murielle Gauthier
Lachute (Québec)
(514) 533-5077

Manisha Whitlock
Box 264
Eagle Bay (B.C.)
V0E 1T0
(604) 878-0217

Louise Dufort
Montréal (Québec)
(514) 721-6275

Yvette Labrecque
Longueuil (Québec)
(514) 647-6294

Carole Boissonneault
Laval (Québec)
(514) 625-7618

Plusieurs personnes désiraient connaître les cours et les activités de l'auteure Élizabeth Vibhuti Dufour.

Voici donc certains renseignements.

Échange de Reiki
Chaque premier vendredi du mois

**Maîtres Reiki et praticiens
vous êtes invités à y participer.**

*Sur rendez-vous
de 16 heures
à
20 heures*

*Cette journée se terminera par une méditation guidée
de 20 heures
à
21 heures.*

**Renseignements et réservation :
(514) 622-8383**

Le Massage
métamorphique

Grâce à ce massage, nous sommes branchés à notre période prénatale. C'est en massant les pieds, les mains et la tête, soit aux endroits de correspondance des points réflexes de la colonne vertébrale, que nous libérons les différentes empreintes et les blocages d'énergie enregistrés durant la gestation et jusqu'à maintenant, ce qui nous permet d'actualiser notre potentiel d'autoguérison.

Un massage qui aide énormément tous ceux et toutes celles qui ont souffert d'abus, de violence physique ou verbale.

Pour un rendez-vous avec Élizabeth :
(514) 622-8383

Tous les deuxièmes et derniers mercredis du mois

Conférences gratuites de 19 h 30 à 21 h 30
au 18, 1ʳᵉ avenue, Laval

sur des thèmes tels que:

La guérison par les Anges.

Nous regardons différentes techniques
de guérison avec les Anges et
d'alignement avec notre Ange personnel.

Le Reiki

Nous étudions ensemble les bienfaits du Reiki et
les différentes façons de s'en servir. Vous pouvez aussi
venir partager votre propre expérience avec le Reiki.

*Des conférenciers viendront à l'occasion nous parler
de leurs découvertes.*

Renseignements et réservation:

(514) 622-8383

Séminaire

**Changer nos disquettes périmées
et reprogrammer notre mental.**

Ce cours nous apprendra à découvrir nos
fausses croyances pour enfin s'en libérer.
Nous découvrirons ensemble nos clefs
personnelles afin de vivre plus harmonieusement
avec nos proches et la société.

*Ce séminaire sera suivi d'un autre
sur le lâcher-prise dans lequel nous poursuivons notre
apprentissage pour devenir maître de notre vie!*

Ces deux séminaires se répéteront tous les deux mois.
Ceux et celles qui désireront le suivre
de nouveau afin de les approfondir,
le pourront au coût de 75$, plus
20$ pour la nourriture.
(Si vous le désirez, vous pouvez apporter votre bouffe.)

**Le séminaire sera animé par
Vandana Gillain et Élizabeth Dufour.**

Le coût est de 150$ pour la fin de semaine plus 20$
pour la nourriture (de 10 heures à 17 heures 30).
L'hébergement gratuit, est aussi offert.

Renseignements et réservation:
(514) 622-8383

Initiations

NIVEAU 1

La libération du corps émotionnel pour atteindre la réalisation du soi

NIVEAU 2

Initiation à la mission planétaire
Activation des 144 000 mémoires

RENSEIGNEMENTS:
Élizabeth Vibhuti Dufour
(514) 622-8383